Liebe Leserinnen und Leser,

Johannes Killyen

nicht allzu viele Menschen wissen mit der Region Anhalt heute noch etwas anzufangen. Gewiss, sie findet sich im Namen des Bundeslandes Sachsen-Anhalt wieder. Und von den adligen und halbadligen Anhaltinern hat auch schon der eine oder die andere gehört. Aber sonst? Anhalt, das sich wie ein Band vom Harz bis in den Fläming zieht, ist eine der traditionsreichsten Kulturregionen Deutschlands. Als Fürstentum, Herzogtum und später als Freistaat hatte es territorial bis in die 1930er Jahre Bestand. Umgeben von großen Nachbarn war Anhalt immer um Ausgleich bemüht und zugleich Schauplatz großer Entwicklungen, Heimat großer Persönlichkeiten: Hugo Junkers, Kurt Weill, Paul Klee, Lyonel Feininger, Samuel Hahnemann, Johann Sebastian Bach – um nur einige zu nennen. Mit dem Dessauer Bauhaus und dem Dessau-Wörlitzer Gartenreich befinden sich auf engstem Raum bei Dessau gleich zwei Unesco-Welterbestätten.

Anhalt ist aber auch ein bedeutender Schauplatz der Reformation. Zerbst und Köthen gehörten nach Wittenberg zu den ersten Städten in Deutschland, die evangelisch wurden. Georg III., Fürst von Anhalt, wurde von Martin Luther zum ersten evangelischen Bischof ordiniert. Und sein Vetter Fürst Wolfgang war Mitunterzeichner aller wesentlichen Dokumente der Reformation. Dieses Heft nimmt Sie mit auf eine Reise durch Anhalt und zu den Orten wichtiger reformatorischer Ereignisse von Zerbst bis Gernrode. Nur in wenigen Regionen dürfte die konfessionelle Entwicklung derart vielfältig gewesen sein wie in Anhalt, wo Lutheraner und Reformierte sich in beständiger Konkurrenz befanden und doch auch ihren Frieden miteinander fanden.

Mehr als ein Vorgeschmack soll die vorliegende Publikation freilich nicht sein: Anhalt sollte man selbst erleben. Seien Sie herzlich willkommen!

Ihr
Johannes Killyen
Pressesprecher der Evangelischen Landeskirche Anhalts

Inhalt

◄ Titel
Kirche St. Marien Dessau

DESSAU — *der Johannbau ist der einzige erhaltene Flügel des Renaissanceschlosses der Dessauer Fürsten. Eine sehenswerte Ausstellung informiert über die Geschichte Anhalts.*

GARTENREICH — *Mit dem Dessau-Wörlitzer Gartenreich schuf Fürst Franz von Anhalt-Dessau um 1800 eine einzigartige Landschaft von Parks und Gebäuden. Hier ist die Kirche St. Petri zu sehen.*

GERNRODE — *die ottonische Stiftskirche St. Cyriakus gehört zu den beeindruckendsten Bauten der ganzen Region. Neben dem traditionellen Adventsmarkt gibt es hier jährlich das berühmte Osterspiel, in das auch das historische »Heilige Grab« der Kirche einbezogen ist.*

Antworten des Glaubens

Neues Selbstbewusstsein in einer traditionsreichen Region

VON JOACHIM LIEBIG

Kirchenpräsident Joachim Liebig

Das Jahr 2012 ist für die Region Anhalt von besonderer Bedeutung. Nach einem durchaus schwierigen Prozess der Selbstidentifikation feiert die Region ihr 800-jähriges Jubiläum. In Vorbereitung darauf finden sich die ehemaligen Residenzstädte, die Landkreise, die Hochschule Anhalt, weitere Institutionen und auch die Evangelische Landeskirche Anhalts zusammen.

Seinen vorläufigen Höhepunkt hat dieses erwachende Regionalbewusstsein in der Gründung des Vereins »Anhaltische Landschaft« im Juli 2012 gefunden. Über das Jahr 2012 hinaus soll die Landschaft eine Plattform bieten, gemeinsame regionale Interessen unterschiedlicher Einrichtungen und Institutionen nicht nur zu benennen, sondern auch wirksam werden zu lassen. Bei manchen Widerständen gegen diese Idee bleibt festzuhalten: Das junge Bundesland Sachsen-Anhalt ist auf geschichtlich belastbare und vorzeigbare identitätsstiftende Momente angewiesen. Dahinter steckt die letztlich nicht nachweisbare Vermutung, identitätsstiftendes Regionalbewusstsein sei, neben vielen weiteren, ein Aspekt letztlich auch wirtschaftlichen Erfolgs einer Region.

Wäre die Region Anhalt jedoch allein unter diesen Aspekten zu betrachten, bliebe ein schaler Beigeschmack. Viel bedeutsamer ist es für die Menschen der Region, die nicht erst zu DDR-Zeiten abgebrochene Tradition neu zu beleben. Durch seine überschaubare Größe war Anhalt stets darauf angewiesen, Menschen aus anderen Regionen zu interessieren und seinerseits Menschen in die weite Welt zu entsenden. Dieser fruchtbare Austausch war über die längsten Phasen der geschichtlichen Entwicklung außerordentlich erfolgreich. Die Voraussetzung dafür ist aber eine stabile und erkennbare Identität der anhaltischen Region. Verwaltungsstrukturen sind dabei relativ unerheblich. Bestenfalls passen sie sich Identitäten an; zwingend ist das jedoch nicht.

Als Quintessenz einer geschichtlichen Bedeutung mag für Anhalt die Integrationsfähigkeit von Gedanken und Ideen gelten. Neben einer sehr frühen Zuwendung zur lutherischen Reformation im benachbarten Wittenberg ist der Zugang zum Gedankengut der Aufklärung durch Fürst Franz oder die Öffnung für die im Bauhaus zusammengeführte Klassik der Moderne zu nennen. Nicht verschwiegen werden darf allerdings auch die frühe Zuwendung zur NSDAP bereits im Jahr 1932. Exemplarisch steht die Region Anhalt für regionales Selbstbewusstsein in einer sich europäisch verstehenden Umgebung.

In einer geistesgeschichtlich bedeutsamen Zusammenführung von Aufklärung und Pietismus versucht die Evangelische Landeskirche Anhalts in ihren Gemeinden, Diensten und Werken als einzige öffentlich-rechtliche Institution in den Grenzen Anhalts ihren Beitrag dazu zu leisten. Vernünftig und zugleich fromm in einer seit Generationen profanisierten Umgebung Antworten des Glaubens auf existenzielle Fragen zu geben, ist der zentrale Auftrag unserer Kirche. Erfreulicherweise stoßen wir Christinnen und Christen dabei auf das Interesse gerade solcher Menschen, die über keinerlei christliche Vorbildung verfügen. Der Kernauftrag von Kirche, in alle Welt zu gehen und das Evangelium zu lehren und Menschen zu taufen, ist in Anhalt mit Spezifika verbunden, die unabdingbar für die Kultur einer ganzen Region sind. Je selbstverständlicher und deutlicher die Verknüpfung aus Tradition und Zukunft gelingt, desto einfacher wird es sein, die Zukunft zu gestalten. Das Jubiläum »Anhalt 800« hat die Chancen in aller Deutlichkeit herausgearbeitet; sie nicht zu nutzen, wäre nicht lebensklug – und damit unanhaltisch! ●

▸ **JOACHIM LIEBIG**
ist seit 2009 Kirchenpräsident und damit Leitender Geistlicher der Evangelischen Landeskirche Anhalts.

◂ Schülerinnen und Schüler im Evangelischen Martinszentrum Bernburg

ANHALT ENTDECKEN

Romanik, Gartenreich, Bauhaus – wer nach Anhalt kommt, entdeckt Kultur und Natur in einer historischen ebenso wie modernen Region.

Schauplatz vernünftiger Menschen

Ein Streifzug von Dessau bis Ballenstedt

VON ILKA HILLGER

① Gartenreich

Auch nach mehr als zwei Jahrhunderten hat sich nichts daran geändert: Das »Hier ists iezt unendlich schön« von Johann Wolfgang von Goethe in einem Brief an Charlotte von Stein im Jahr 1778 ist so aktuell wie an dem Tag, an dem es der Dichter zu Papier brachte. In mehr als 40 Jahren realisierte Fürst Leopold III. Friedrich Franz von Anhalt-Dessau ab 1769 seinen Traum von einer Gartenlandschaft nach englischem Vorbild. Zwischen der Bauhausstadt Dessau und Lutherstadt Wittenberg gelegen, erstreckt sich das Gartenreich auf 142 Quadratkilometern und umfasst im Wesentlichen das Gebiet des historischen Fürstentums Anhalt-Dessau mit zahlreichen Schlössern und Parks. Alle zusammen zählen zum Unesco-Welterbe. Kernstück des Gartenreiches und Ausgangspunkt für touristische Erkundungen sind die Wörlitzer Anlagen.

Schloss Wörlitz, der Gründungsbau des deutschen Klassizismus, wurde für Fürst Franz nach Entwürfen von Friedrich Wilhelm von Erdmannsdorff errichtet. Wohl das spektakulärste Denkmal im Wörlitzer Park ist die Insel »Stein« mit ihrem europaweit einzigartigen künstlichen Vulkan. Die Insel mit ihren Grotten und Gängen, dem Vulkan und der Villa Hamilton sind die gebauten Erinnerungen des Fürsten Franz an seine Italienreise, wie sich übrigens auch im Gotischen Haus und beim Brückenkonzept Reminiszenzen an die fürstlichen Reisen finden lassen. Im wenige Kilometer entfernten Oranienbaum ist mit dem Ensemble aus Stadt,

◂ S. 12
Konzert in der Kirche St. Marien Harzgerode

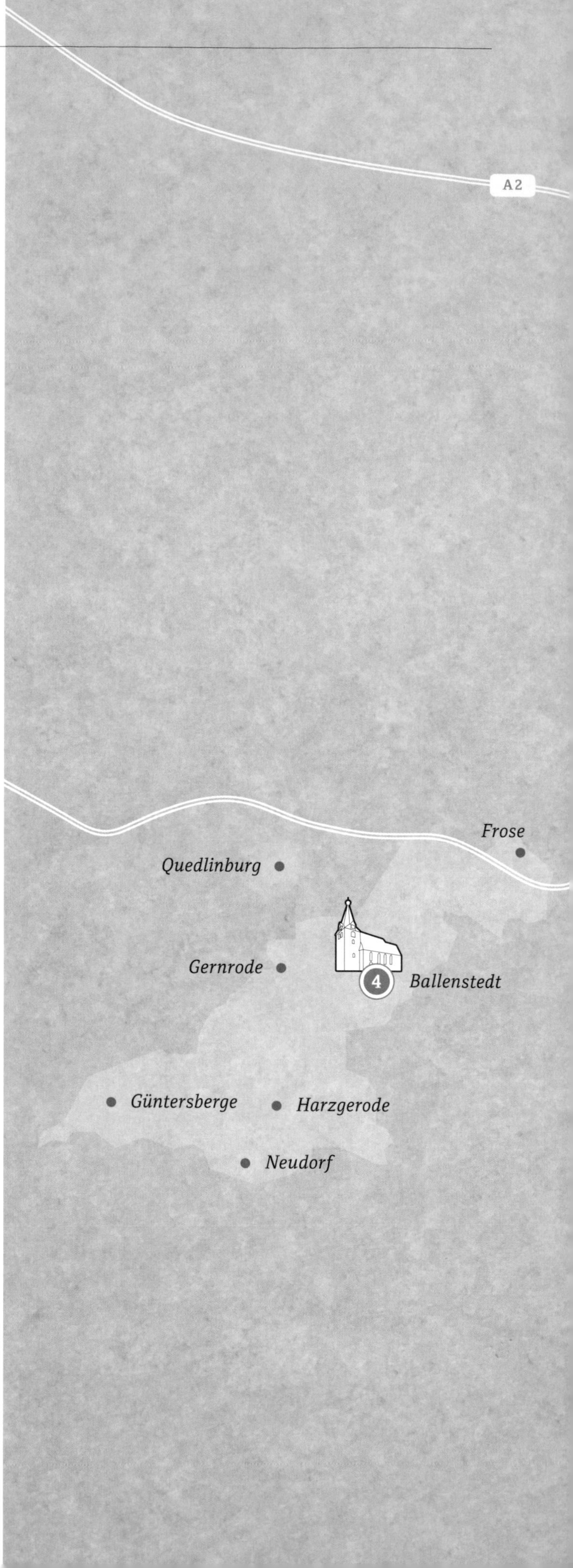

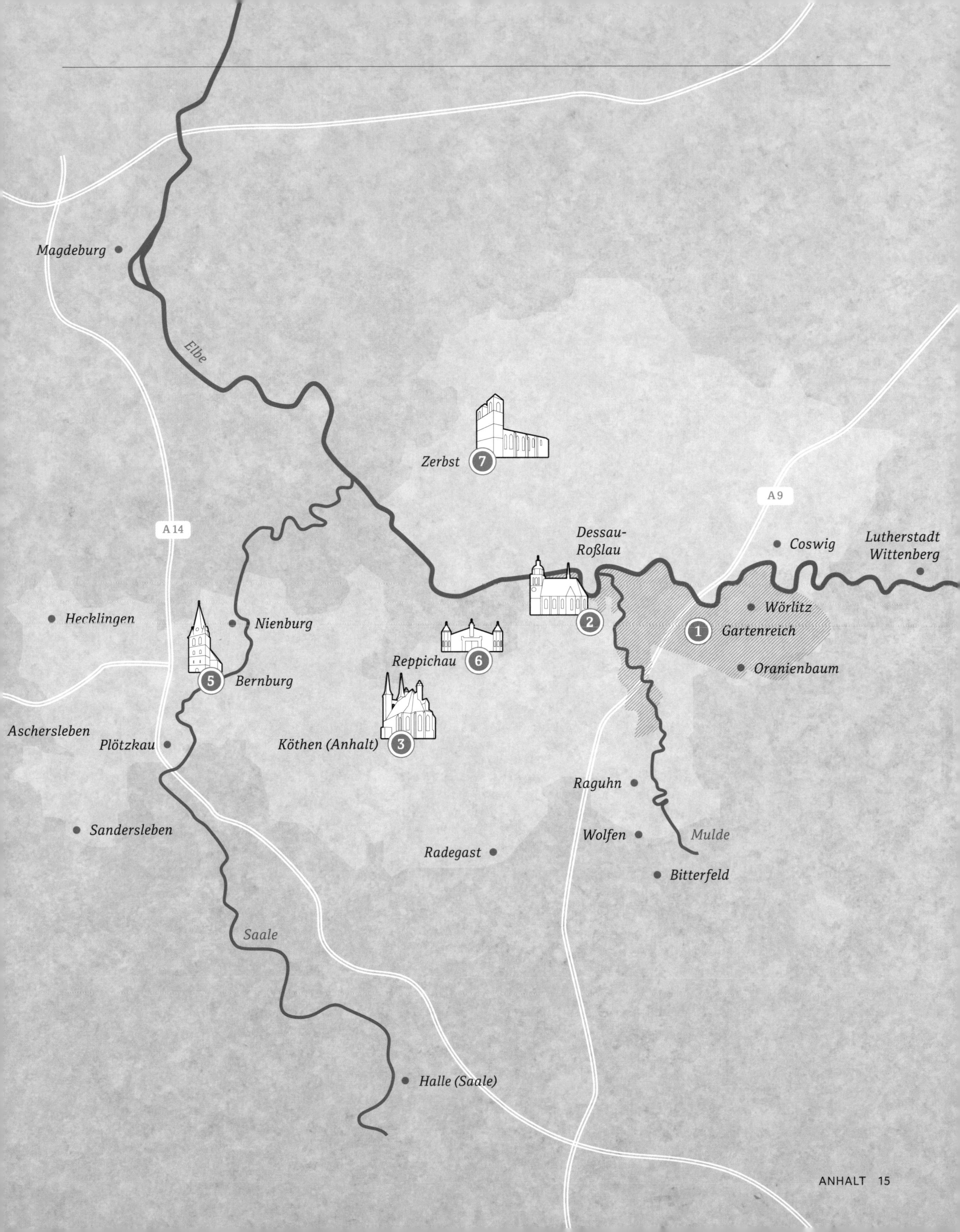
Magdeburg
Elbe
Zerbst
7
A 9
A 14
Dessau-
Roßlau
Coswig
Lutherstadt
Wittenberg
Wörlitz
1
Gartenreich
Oranienbaum
2
Hecklingen
Nienburg
Reppichau
6
5
Bernburg
Aschersleben
Plötzkau
Köthen (Anhalt)
3
Raguhn
Wolfen
Mulde
Sandersleben
Radegast
Bitterfeld
Saale
Halle (Saale)

Bei einer Gondelfahrt lässt sich der Wörlitzer Park auf besonders romantische Weise erkunden

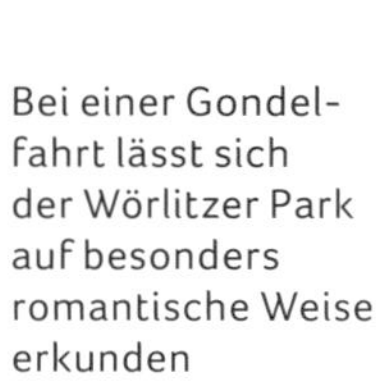

▶ Vom Dessauer Bauhaus gingen einst Impulse für die Moderne in der gesamten Welt aus. Auch heute noch ist es ein Ort, an dem sich Kunst, Wissenschaft, Handwerk und Lehre begegnen

Schloss und Park ein Beispiel für eine weitgehend niederländisch geprägte Barockanlage zu finden, die Henriette Catharina, Fürstin von Anhalt-Dessau, errichten ließ. In diesem Sommer und Herbst war das Schloss Schauplatz für die spektakuläre Ausstellung »Dutch Design«, der Beitrag der Kulturstiftung DessauWörlitz zum Anhalt-Jubiläum.

In Dessau sind es die Schlösser und Parks von Mosigkau, Großkühnau, das Georgium und Luisium, die das Gartenreich des Fürsten Franz mitten in der Stadt erlebbar machen. Das Rokoko-Schloss Mosigkau wurde von Prinzessin Anna Wilhelmine von Anhalt-Dessau als Sommerresidenz erbaut. 17 Räume mit teilweise erhaltener Originalausstattung können im Schloss besichtigt werden. Höhepunkt ist dabei der Galeriesaal mit einer in Deutschland einzigartigen barocken Hängung bedeutender Gemälde. Das private Refugium der Fürstin Louise von Anhalt-Dessau war der klassizistische Landsitz Luisium in Waldersee. Die kleinen Räume und Kabinette des Landhauses mit Stuckdekorationen und Wandgemälden sind weitgehend original ausgestattet. Das Georgium ist neben den Wörlitzer Anlagen der kunsthistorisch bedeutendste Landschaftspark englischen Stils im Gartenreich Dessau-Wörlitz. Das Schloss Georgium beherbergt die Anhaltische Gemäldegalerie mit einer reichen Sammlung altdeutscher und niederländischer Malerei sowie eine umfangreiche graphische Sammlung.

▶ **Kontakt:** Kulturstiftung DessauWörlitz, Dessau, Schloss Großkühnau, Telefon 0340 / 646150, www.gartenreich.com

② Dessau

BAUHAUS

Als es gebaut wurde, war es ein Kubus aus Stahl, Glas und Beton auf freiem Feld. Gleich einem Raumschiff war das Bauhaus in der Residenzstadt Dessau gelandet. Ab 1925 wurde es nach Plänen von Bauhaus-Gründer Walter Gropius als Schulgebäude der gleichnamigen Kunst-, Design- und Architekturschule errichtet, die von Weimar nach Dessau zog und später nach Berlin wechselte. Die noch immer modern wirkende Konstruktion setzte Maßstäbe und ist heute Anziehungspunkt für Fachbesucher und Touristen aus aller Welt. Dabei ist das Bauhaus mit Sonder- und Dauerausstellungen mehr als ein Museum, es ist Forschungsstätte und Institut und führt mit Projekten und Veranstaltungen die Inten-

Das Schloss Georgium mit der Anhaltischen Gemäldegalerie in Dessau

tionen der Bauhaus-Gründer im 21. Jahrhundert fort. Spuren des Bauhauses finden sich in Dessau im gesamten Stadtgebiet. Da gibt es die Meisterhäuser, die als Wohnhäuser der Bauhausmeister entstanden und gleichzeitig Musterhäuser für modernes Wohnen waren. Die Siedlung Törten, die Laubenganghäuser, das Stahlhaus von Georg Muche und Richard Paulick, das historische Arbeitsamt oder das Kornhaus dürfen auf einer Bauhaus-Tour nicht fehlen. Die Bauhaus-Architektur in Dessau zählt zum Unesco-Welterbe.

▶ **Kontakt:** Stiftung Bauhaus Dessau, Dessau, Gropiusallee 38, Telefon 0340 / 508250, www.bauhaus-dessau.de

ANHALTISCHES THEATER

»Wer wir sind« erklärt das Anhaltische Theater in Dessau in seiner 218. Spielzeit 2012 in 20 Premieren. Das 1938 als Landestheater Dessau eröffnete Anhaltische Theater, das damals die größte Bühne nördlich der Alpen darstellte, hat sich bis heute einen Ruf weit über die Stadt- und Landesgrenzen hinaus erworben. Das Mehrspartenhaus mit Musiktheater, Schauspiel, Ballett und Puppentheater sowie der Anhaltischen Philharmonie verfügt neben dem Großen Haus über das »Alte Theater« als weitere Spielstätte und hat sich mit verschiedenen Inszenierungen u. a. im Stadtpark, in Wörlitz, im Luisium und im Georgium auch Theaterräume in der Stadt und in der Region erschlossen. In der Spielzeit 2011/12 startete die Bühne mit Richard Wagners »Götterdämmerung« ihr Ring-Projekt, das 2015 seinen Abschluss finden wird.

▶ **Kontakt:** Anhaltisches Theater, Dessau, Friedensplatz 1, Telefon 0340 / 25110, www.anhaltisches-theater.de

ANHALTISCHE GEMÄLDEGALERIE

Die bedeutendsten Schätze der Malerei bleiben den Jubiläumsbesuchern in Anhalt und Dessau verborgen. Zwei Jahre dauert die 2012 begonnene umfassende Sanierung der Anhaltischen Gemäldegalerie im Schloss Georgium. Seit 1957 beherbergt das vom

Das Köthener Schloss war einst auch die Wirkungsstätte Johann Sebastian Bachs

Georgengarten umgebene Schloss die wertvollsten erhaltenen Kunstwerke der Gemälde- und Graphiksammlungen anhaltischer Fürstenhäuser. Mit rund 2.000 Gemälden ist die Galerie die größte Sammlung alter Malerei in Sachsen-Anhalt. Gemälde der Dürerzeit, Hauptwerke von Lucas Cranach, Hans Baldung Grien, die Niederländer-Sammlung und Gemälde des 18. Jahrhunderts gehören zum Bestand der Galerie. Im benachbarten historischen Fremdenhaus wird die umfangreiche graphische Sammlung der Anhaltischen Gemäldegalerie aufbewahrt.

▸ **Kontakt:** Anhaltische Gemäldegalerie, Dessau, Puschkinallee 100, Telefon 0340/66126000, www.georgium.de

JOHANNBAU

800 Jahre Anhalt kompakt und informativ erzählt das Dessauer Museum für Stadtgeschichte im Johannbau, dem Westflügel des um 1530 errichteten Residenzschlosses. Nicht nur Einblicke in die 800-jährige Stadt- und Regionalgeschichte Anhalts und Dessaus bietet die Schau »Schauplatz vernünftiger Menschen«. Sie stellt auch bedeutende Persönlichkeiten und Institutionen vor, die über die Grenzen Anhalts hinaus Impulse für die deutsche und europäische Kulturgeschichte gegeben haben.

▸ **Kontakt:** Museum für Stadtgeschichte im Johannbau, Dessau, Am Schlossplatz 3a, Telefon 0340/2209612, www.stadtgeschichte.dessau.de

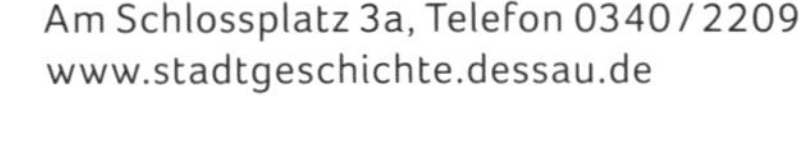

③ Köthen

In seiner fast 900-jährigen Geschichte ist Köthen von namhaften Personen der Geschichte geprägt worden. Johann Sebastian Bach schrieb hier als Hofkapellmeister seine »Brandenburgischen Konzerte« und Samuel Hahnemann machte Köthen zum Mekka für Homöopathen aus der ganzen Welt.

SCHLOSS

Im Köthener Schloss finden sich die Museen der Stadt und seit 2008 das moderne und multifunktionale Veranstaltungszentrum, dessen Mittelpunkt der Johann-Sebastian-Bach-Saal bildet. Die hier im zweijährigen Wechsel mit dem nationalen Bach-Wettbewerb für junge Pianisten stattfindenden Köthener Bachfesttage zählen zu den kulturellen Höhepunkten der Region. Das Historische Museum präsentiert sich im Ludwigsbau des Köthener Schlosses mit Schlosskapelle, Spiegelsaal, Apothekengewölbe, steinernem Gang sowie der Bachgedenkstätte im

Blick auf das über der Saale thronende Bernburger Renaissanceschloss

Roten und Grünen Zimmer. Darüber hinaus gibt es weitere ständige Ausstellungen, etwa zur Fruchtbringenden Gesellschaft und zum Homöopathen Dr. Samuel Hahnemann.

▸ **Kontakt:** Köthen Kultur und Marketing GmbH, Köthen, Schlossplatz 5, Telefon 03496 / 700990, www.bachstadt-koethen.de

④ Ballenstedt

Am Nordrand des Harzes liegt Ballenstedt, die Wiege Anhalts. Die Grafen von Ballenstedt, auch als Askanier bekannt, sind die Ahnherren des anhaltischen Fürstenhauses. Das älteste Schlosstheater im Land, der von Peter Joseph Lenné geschaffene Schlosspark und das ehemalige Residenzschloss sind die kulturellen Höhepunkte der Stadt. An der »Straße der Romanik« gelegen, bietet das Schloss einen Einblick in die Vergangenheit. Die Grablege Albrechts des Bären im Westwerk ist Anziehungspunkt für Besucher. Das benachbarte Stadtmuseum »Wilhelm von Kügelgen« beherbergt neben einer umfangreichen volkskundlichen Sammlung das Kügelgenzimmer. Wilhelm von Kügelgen, seit 1833 Kammerherr und Hofmaler in Ballenstedt, wurde durch seine »Jugend- und Lebenserinnerungen eines alten Mannes« berühmt.

▸ **Kontakt:** Tourist-Information, Ballenstedt, Anhaltiner Platz 11, Telefon 039483 / 263, www.ballenstedt-information.de

⑤ Bernburg

Auf einem Sandsteinfelsen am Saaleufer erhebt sich das Renaissanceschloss von Bernburg, einst Sitz der Fürsten und Herzöge von Anhalt-Bernburg und heute Museum. »Die Krone Anhalts« wird der große Komplex genannt. Ein einmaliges Bauwerk ist der

Anhaltischer Kirchentag an der Zerbster Schlossfreiheit

▶ Schloss Ballenstedt mit der Schlosskirche (rechts)

romanische Bergfried des Schlosses: Mit diesem »Eulenspiegelturm« ist die 22. Historie des Buches »Till Eulenspiegel«, der als Turmbläser beim Grafen von Anhalt diente, verbunden. Das Heimat-Museum Schloss Bernburg ist im Alten und Krummen Haus des Schlosses untergebracht, die Anhaltische Minieraliensammlung im Johann-Georgen-Bau des Schlosses. Im ehemaligen Burggraben leben seit Mitte des 19. Jahrhunderts Generationen von Braunbären und stehen für das anhaltische Wappentier.

▶ **Kontakt:** Stadtinformation der Bernburger Freizeit GmbH, Bernburg, Lindenplatz 9, Telefon 03471 / 3469311, www.bernburg.de

⑥ Reppichau

Mittelalterliche Rechtsgeschichte lässt sich in keinem Ort Anhalts so hautnah erleben wie im Eike-von-Repgow-Dorf Reppichau. Eines der bedeutendsten und am weitesten verbreiteten niedergeschriebenen Gesetzbücher, den »Sachsenspiegel«, schrieb Eike von Repgow. Einmalig ist in dem kleinen Ort das Kunstprojekt »Sachsenspiegel«, das dem Besucher auf Schritt und Tritt in Wandmalereien auf Fassaden, Skulpturen, im Kirchenpark und selbst an der Straßenbeleuchtung begegnet. Im Mühlenmuseum erzählt eine Ausstellung Dorf- und Heimatgeschichte und informiert natürlich über den »Sachsenspiegel« und den Ritter, der den Ort bekannt machte.

▶ **Kontakt:** Informationszentrum, Reppichau, Akener Straße, Telefon 034909 / 70700, www.reppichau.de

⑦ Zerbst

Bei einem Besuch in Zerbst kann man einzigartigen Zeugnissen einer mehr als 1000-jährigen, sehr bewegten Geschichte begegnen. Zwischen Elbe und Fläming gelegen, war die Kernstadt einst die in Anhalt größte und bedeutendste Stadt. Davon zeugen bis heute die aus dem Mittelalter stammende Stadtmauer mit Toren und Türmen, ehemalige Klöster, Kirchen und historische Bauten. Wer auf dem

Lutherweg nach Zerbst kommt, kann interessante Stationen und Originalschauplätze dieser bewegten Zeit besuchen. Martin Luther und auch Philipp Melanchthon weilten mehrfach hier. Zerbst ging als erste lutherische Stadt Anhalts in die Reformationsgeschichte ein. Zarin Katharina II. von Russland, die »Große« genannt, entstammt dem Fürstenhaus von Anhalt-Zerbst. Einmalig in ganz Deutschland sind sowohl das Denkmal als auch die museale Sammlung in ihrer Heimatstadt. Im September 2012 eröffnete Zerbst eine touristische Route zu Katharina II. anlässlich der 250. Wiederkehr ihrer Krönung zur Zarin von Russland. Die zehn Stationen umfassende Route »Katharina die Große« führt zu geschichtlich relevanten Orten und informiert über Leben und Wirken der einstigen Zerbster Prinzessin.

▸ **Kontakt:** Tourist-Information Zerbst/Anhalt, Zerbst, Markt 11, Telefon 03923/760178, www.stadt-zerbst.de

▸ **ILKA HILLGER**
ist Journalistin in Dessau-Roßlau.

»Anhaltiner heißen die Fürsten und ihre Nachkommen«

Als Anhalter in anhaltischer Sache

Immer wieder lesen und hören wir anhaltinisch, wo es nicht nur nach anhaltischem Sprachgefühl anhaltisch heißen müsste. »Anhaltinische Gemäldegalerie«, sagt eine Nachrichtensprecherin. Diese Kulturinstitution gibt es gar nicht, denn sie heißt Anhaltische Gemäldegalerie. Ein »Anhaltinisches Theater« existiert auch nicht. Es heißt Anhaltisches Theater. Die Gemäldegalerie und das Theater könnten Anhaltinisch heißen, wenn sie dem Anhaltiner Eduard von Anhalt gehörten, der gerade 70 geworden ist und die Anhalter im Herzogtum Anhalt regieren würde, wären wir nicht inzwischen Bürger der Bundesrepublik. Anhaltiner heißen nämlich die Fürsten von Anhalt und ihre Nachkommen, genauso wie man sächsische Fürsten Wettiner oder Ernestiner nennt. Moses Mendelssohn, Wilhelm Müller und Kurt Weill nannten sich Anhalter. Da aber vor Jahren die Anhalter an der Straße dem anhaltischen Menschen den ursprünglichen Namen gestohlen haben, wurden die Anhalter auch Anhaltiner genannt, wie einstmals der Herzog von Anhalt und seine Nachkommen.

Inzwischen stehen aber keine Anhalter mehr an den Landstraßen und Autobahnauffahrten, und die nichtfürstlichen Anhaltiner können wieder Anhalter werden. Die Anhalter sind nun Sachsen-Anhalter. Alles andere ist anhaltisch oder sachsen-anhaltisch: das Anhaltische Theater in Dessau, die Anhaltische Gemäldegalerie, die sachsen-anhaltische Regierung in Magdeburg und sogar der Anhalter Bahnhof in Berlin. Manche werden jetzt einwenden: Es gibt doch ein »Anhaltinisches Küchenstudio«. Irrtum eines »Zujereesten«, wie die Dessauer sagen. Es ist mit anhaltinisch wie mit dem Genitiv-S, das sich mit vielen Anglizismen bei uns breitgemacht hat. Katja's Imbissbude müsste Katjas heißen. Nur Mac Donald's ist richtig, weil tief aus dem Mittleren Westen der USA. Der aufmerksame Leser dieser Kolumne weiß es jetzt besser. Wenn andere die Sprache verhunzen, sagt er: Ich mache da nicht mit!

▸ **ALFRED RADELOFF**
war viele Jahre Kreisoberpfarrer in Dessau.

Kleines Land und große Tradition

Anhalt ist 800 Jahre alt – und lebendig bis heute

VON JAN BRADEMANN

Das 1990 gegründete Bundesland Sachsen-Anhalt verdankt die zweite Hälfte seines Namens einem Land, das 1945 zu existieren aufhörte. Anders als Preußen, das damals ebenfalls von der Landkarte gestrichen wurde, war dieses Anhalt seit dem Mittelalter ein winziges Gebilde gewesen. Im Konzert der Mächte vermochte es nur leise Töne zu spielen. Preußen mit seinem lauten Gloria ist freilich verschwunden. Anhalts Töne aber sind weiter zu hören. Die Partituren dafür liefert nicht nur Johann Sebastian Bach, der nach eigener Auskunft von 1717 bis 1723 seine glücklichsten Jahre in Köthen (Anhalt) verbrachte, sondern eine ungeheuer große Dichte und Vielfalt an kultureller und künstlerischer Tradition.

Dabei gehörte dieser schmale Streifen Landes zwischen Fläming und Harz einer der anfangs mächtigsten Fürstenfamilien des Reichs: Die Askanier waren Kurfürsten von Brandenburg und von Sachsen, Grafen von Orlamünde und eben Fürsten von Anhalt. Das Jubiläum 2012 ist auf eine Erbteilung im Jahr 1212 zurückzuführen, nach dem Tod Herzog Bernhards von Sachsen, eines Sohnes von Markgraf Albrecht dem Bären. Dass die Güter seiner Nachfahren nicht zusammengehalten wurden und zum Teil den Wettinern und Hohenzollern zukamen, war aber 1212 ebenso wenig absehbar wie ein Land Anhalt, denn die Rechte und Güter der Fürsten in der Region waren begrenzt. Außerdem sahen sie sie, wie andere Fürsten auch, als private Verfügungsmasse an. Durch Landesteilungen, Überschuldung, Verpfändungen und Erbstreitigkeiten stand ihre Herrschaft mehrfach vor dem Aus. Gleichzeitig aber ließen diese Krisen ein Bewusstsein der Zusammengehörigkeit und Verantwortung gegenüber dem Land bei den Fürsten wachsen. Sie nannten sich nach einer Burg über dem Selketal »von Anhalt«. Erst später nahm das Land diesen Namen an.

Die anhaltischen Fürsten besaßen einen Sitz auf dem Reichstag, doch sie teilten sich stets die Herrschaft – seit 1603 in vier, zeitweise fünf eigenständigen Fürstentümern. Ein Mittelpunkt fehlt bis heute, wenngleich Dessau eine Führungsrolle nicht abzusprechen ist, nachdem es 1863 zur Hauptstadt des vereinigten Herzogtums aufgestiegen war. Mit Gründung der Weimarer Republik 1918 hatten hier auch die Verfassungsorgane des Freistaats Anhalt ihren Sitz. Die Reformation wurde – behutsam und schonend – früh eingeführt. Sie stärkte das Selbstbewusstsein der Anhaltiner und ließ ihnen neue Macht in religiösen Dingen zukommen. Die Besitztümer der Klöster – hier sind die alten Reichsabteien Gernrode und Nienburg hervorzuheben – arrondierten ihr Territorium.

Für die Eigenständigkeit Anhalts war der Übergang zum reformierten Bekenntnis Ende des 16. Jahrhunderts wesentlich. Angesichts der Schulden des Landes musste jedoch auch die hergebrachte lutherische Konfession geduldet werden. Hier wird so etwas wie ein anhaltischer Mittelweg erstmals deutlich: Man wollte eigenständig Bestehendes verbessern und erkannte pragmatisch, freilich nicht ohne Zwänge, Abweichungen von eigenen Normen an. Religiösem Ausgleich, Schulreformen und der Sprachpflege verschrieb sich auch Fürst Ludwig, der in Köthen mit der »Fruchtbringenden Gesellschaft« den ersten deutschen Sprachverein mitbegründete. Seit dem letzten Drittel des 17. Jahrhunderts entwickelte sich Anhalt auch zu einem Vorreiter der Toleranz gegenüber den Juden, auf deren Basis Dessau, dessen Bevölkerung zeitweise zu zehn Prozent jüdisch war, zu einem europäischen Zentrum jüdischer Aufklärung wurde. Der große Philosoph Moses Mendelssohn ist ein gebürtiger Dessauer.

Für die Anhaltiner war der Schutz größerer Mächte überlebensnotwendig. Man sicherte ihn im 17. und 18. Jahrhundert durch Einheiratung und militärische Dienste. Hervorzuheben sind Johann Georg II., der 1659 eine Prinzessin von Oranien heiratete, und Leopold I., beide als Statthalter und Feldmarschälle in preußischen Diensten. Letzterer, der

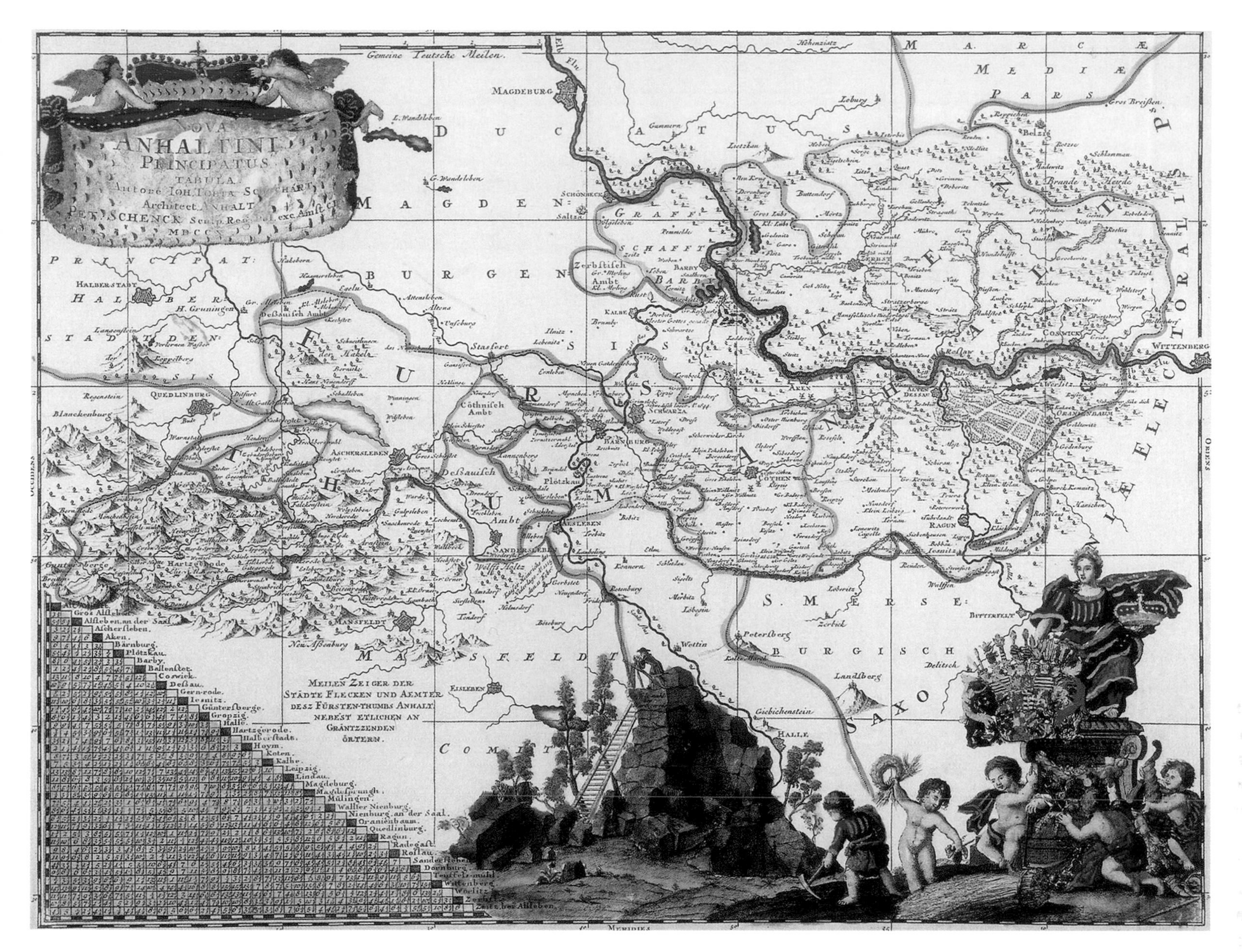

Anhalt im Jahr 1710

»Alte Dessauer«, ist durch seine militärischen Erfolge in die Geschichte eingegangen, was durch verschiedene Umstände auch für eine Zerbster Prinzessin gilt, die 1762 Zarin von Russland wurde: Katharina die Große. Den Höhepunkt fürstlicher Reformpolitik markiert Leopold III. Friedrich Franz. »Vater Franz« verzichtete auf barocken Prunk und pflegte einen stärker bürgerlichen, teilweise auch ausschweifenden Lebensstil. Gleichzeitig setzte er umfangreiche Reformen auf dem Gebiet der Bildung, Landwirtschaft, Medizin, Gewerbeförderung und des Verkehrswesens in Gang. Anhalt-Dessau stieg zum Musterstaat der Aufklärung auf. Zahlreiche Gelehrte kamen nach Wörlitz, wo Franz einen der ersten und größten Landschaftsgärten auf deutschem Boden anlegen ließ.

Auch sonst entwickelten die Residenzen eine große Ausstrahlungskraft. Hier wirkten Komponisten wie Bach, Johann Friedrich Fasch, Karl Christian Agthe, der Dichter Wilhelm Müller oder der Mediziner Samuel Hahnemann. Erhabene sakrale wie profane Bauwerke, allen voran die Residenzschlösser, aber etwa auch die Kirchen, in Ballenstedt, Bernburg, Dornburg, Gernrode, Köthen, Nienburg, Oranienbaum, Plötzkau, Wörlitz, Zerbst etc., sind Ausdruck einer vielfältigen Kulturgeschichte, aber auch der politischen Geschichte, die weniger durch Macht als durch Kompromiss und die Phantasie geprägt war, nach alternativen Wegen der Entfaltung zu suchen.

Das 19. Jahrhundert sah nicht nur die typischen sozialen Krisen und die Politisierung der Gesellschaft, sondern eine neuartige Dynamik auf technischem Gebiet, die den Westen Anhalts zu einem der modernsten Industriestandorte des Reichs machte. Der Umzug des in Weimar gegründeten Bauhauses nach Dessau im Jahr 1925 macht deutlich, welches geistige Klima der Toleranz und Offenheit von Anhalt ausging, das die Verbindung von Kunst und Technik auf eine die Moderne prägende Weise zu ermöglichen schien. Der Wirkung blieb nicht aus: Neben den Wörlitzer Anlagen gehört das Bauhaus heute zum Unesco-Welterbe. ●

▸ **DR. JAN BRADEMANN**
stammt aus Raguhn (Anhalt) und lehrt Geschichte an der Universität Bielefeld.

Vernünftig, selbstbewusst und fromm

Die Evangelische Landeskirche Anhalts ist seit über 400 Jahren für evangelische Christen in Anhalt da

VON JOHANNES KILLYEN

800 Jahre nach der Begründung des Fürstentums Anhalt weisen politische Grenzen heute so gut wie gar nicht mehr auf das Gebiet des historischen Anhalt hin. Als einzige öffentlich-rechtliche Institution bildet indes die Evangelische Landeskirche Anhalts nach wie vor die anhaltischen Grenzen ab – wie kommt das?

Um diese historische Besonderheit zu verstehen, muss man nicht 800, aber immerhin knapp 500 Jahre zurückschauen, ins Zeitalter der Reformation. Denn mit der Abkehr vom Papsttum und von der bis dahin allmächtigen katholischen Kirche entstanden auch in Mitteldeutschland neue evangelische Kirchengebiete, die identisch waren mit dem Herrschaftsgebiet der regionalen Landesherren. Erst nach dem Ersten Weltkrieg wurde eine Trennung von Kirche und Staat vollzogen, der Landesherr stand damit nicht mehr zugleich an der Spitze der Kirche.

In der anhaltischen Landeskirche ist man bis heute stolz darauf, zu den ersten Kirchen der Reformation zu gehören, und hat in den vergangenen Jahren allen Avancen widerstanden, sich der umliegenden Kirchenprovinz Sachsen, heute Evangelische Kirche in Mitteldeutschland, anzuschließen. »Nicht nur in Wirtschaft und Politik, auch bei der Kirche gab es bis vor Kurzem eine starke Tendenz zur Zentralisierung«, sagt Joachim Liebig, der als Kirchenpräsident der Leitende Geistliche der Evangelischen Landeskirche Anhalts ist. »Indes ist es bis heute nicht erwiesen, dass große Einheiten der kirchlichen Arbeit förderlich sind. Selbstverständlich kooperieren wir mit anderen Partnern, wo immer es nötig und sinnvoll ist. Doch wir stehen für kurze Wege, Überschaubarkeit, zugleich auch für Flexibilität und versuchen mit schlanken Strukturen für die Menschen in Anhalt da zu sein.«

Ein Blick in die neuere Geschichte der Landeskirche (Reformationsgeschichte ▸ S. 26 ff.): Schwere Zeiten waren nicht zuletzt die Jahre ab 1933. Sehr zeitig setzten sich in Anhalt die »Deutschen Christen« innerhalb der Evangelischen Kirche durch, die Teile der nationalsozialistischen Ideologie trotz deren kirchenfeindlicher Ausrichtung mit trugen. Der aggressive Atheismus des sozialistischen Regimes nach 1945 führte zu starken Einschnitten in das kirchliche Leben. Der Höhepunkt der Auseinandersetzungen war der staatliche Kampf gegen die Konfirmation, der letztlich mit Durchsetzung der Jugendweihe als sozialistischem Weiheritual zum Ziel kam. Einschüchterungen, Benachteiligungen und der Versuch der Verbannung aus dem öffentlichen Leben ließen die Zahl der Kirchenmitglieder von rund 400.000 nach dem Zweiten Weltkrieg rasant fallen. Die Kirchen in Anhalt blieben aber auch in diesen schwierigen Zeiten Orte der lebendigen Hoffnung auf Freiheit. Zur Wendezeit 1989/90 wurden sie zu Sammlungsorten der Friedlichen Revolution.

Das Ende der SED-Diktatur bedeutete für die Evangelische Kirche in Anhalt neben neuen Möglichkeiten die Konfrontation mit alten Aufgaben: Menschen für das Christentum zu begeistern, die dem Glauben jahrzehntelang entfremdet worden waren, ist bis heute eine der größten Herausforderungen für die

Links: Gottesdienst in der Jakobskirche Köthen

Mitte: Nachwuchsbläser beim Anhaltischen Kirchentag in Dessau 2010

Kirchliche Trauung in der Kirche St. Georg Raguhn

In den Grenzen der Landeskirche ist die Region Anhalt bis heute präsent.

Evangelische Landeskirche Anhalts – zumal in einer von Überalterung und Abwanderung geprägten Region. Geblieben, wenn auch in gewandelter Form, ist der Auftrag der Kirche, Hoffnung zu stärken, wo Menschen unter Ungerechtigkeit und Perspektivlosigkeit leiden. Ein Schatz und eine große Aufgabe zugleich sind die 214 Kirchen in Anhalt. Sie zu erhalten und zu nutzen, kostet viel Kraft.

Haupt- und Ehrenamtliche arbeiten in der evangelischen Kirche traditionell zusammen, ja, die zum großen Teil aus Ehrenamtlichen zusammengesetzten Leitungen der Kirchengemeinden sind das Fundament der Landeskirche mit ihren fünf Kirchenkreisen Dessau, Zerbst, Bernburg, Köthen und Ballenstedt. Als landeskirchliche Leitungsorgane wirken die Landessynode (das »Kirchenparlament«), der Landeskirchenrat und die Kirchenleitung.

Was sich seit der Wende in Anhalt indes deutlich gewandelt hat, ist die Präsenz und Akzeptanz der evangelischen Kirche in der Öffentlichkeit: Sie trägt Schulen und Kindergärten, zahlreiche soziale Einrichtungen über die Diakonie und ist im Bereich der Kultur, der Bildung und der gesellschaftlichen Verantwortung aktiv. Kirchenvertreter sitzen ganz selbstverständlich mit Vertretern von Kommunen, Institutionen und Verbänden an einem Tisch, um über zentrale gesellschaftliche Fragen zu beraten. So bemüht sich die Evangelische Landeskirche Anhalts durch beharrliche Arbeit seit vielen Jahren, zu einem konsensfähigen Weg für die Bewahrung der Elbe als Lebensraum und Kulturfluss beizutragen.

Zahlreiche kirchliche Projekte und Einrichtungen in Anhalt vermitteln auf außergewöhnliche Weise evangelischen Glauben: Im Evangelischen Martinszentrum Bernburg sind – bundesweit einzigartig – Schule, Kindergarten und Kirche unter einem Dach miteinander verbunden; die Stiftung »Entschlossene Kirchen« im Kirchenkreis Zerbst ist eine »Altersvorsorge« für historische Dorfkirchen und unterstützt ungewöhnliche Nutzungskonzepte; das Christophorushaus Wolfen-Nord ist ein kirchliches Zentrum in einem sozialen Brennpunktgebiet. Bemerkenswert sind auch der Bibelturm Wörlitz mit einer Erlebnisausstellung zum Buch der Bücher und das Cyriakushaus Gernrode – das landeskirchliche Tagungshaus an historischem Ort. •

▸ **JOHANNES KILLYEN**
ist Pressesprecher der Evangelischen Landeskirche Anhalts.
www.landeskirche-anhalts.de

Fürsten zwischen Glaube und Vernunft

Einblicke in die wechselhafte Konfessionsgeschichte Anhalts

VON ACHIM DETMERS

Kirche St. Marien Dessau

Von Wittenberg nach Dessau braucht man zu Pferd nur drei Stunden. Dieser kurze Weg lässt vermuten, dass auch Anhalt schnell von der Dynamik der Wittenberger Reformation erfasst wurde. Doch Anhalt war zu Beginn des 16. Jahrhunderts keine einheitliche Größe: Das Land war unter zwei Fürstenfamilien aufgeteilt, und in geistlicher Hinsicht waren einzelne Landstriche den Bischöfen von Brandenburg, Magdeburg, Meißen und Halberstadt unterstellt. Durch diese Aufteilungen ergaben sich Verzögerungen und unterschiedliche Geschwindigkeiten bei der Umsetzung der Reformation. Zwar kam es an mehreren Orten schnell zu ersten Beifallsbekundungen für die kritischen Gedanken aus Wittenberg. Doch bis zur abschließenden Einführung der Reformation in ganz Anhalt vergingen 17 Jahre seit dem Thesenanschlag Luthers.

Den Anfang machten die Gernroder Äbtissin Elisabeth von Weida (1460–1532) und Fürst Wolfgang von Anhalt (1492–1566). In ihren Herrschaftsbereichen setzten sich ab 1521 erste evangelische Predigten und Kirchenordnungen durch. Die weitere Entwicklung in Anhalt verzögerte sich aufgrund der Bauernaufstände von 1525. Zwischen Harz und Saale wurden etliche Klöster besetzt, geplündert und teilweise zerstört. Die Reformation stand im Verdacht, den ideologischen Nährboden für diese aufrührerischen Handlungen geliefert zu haben. Erst nachdem sich Luther von den Bauern distanziert hatte und die Aufstände niedergeschlagen waren, wurde der Weg frei zur offiziellen Einführung der Reformation. Das erste Territorium, das die Reformation offiziell einführte, war 1525 Kursachsen unter Kurfürst Johann von Sachsen (1468–1532). Sein Schwager Fürst Wolfgang von Anhalt folgte 1525 mit der Einführung der Reformation in Bernburg und Köthen. Außerdem schloss er sich frühzeitig den militärischen Verteidigungsbündnissen der Reformation an und unterzeichnete 1530 die zentrale protestantische Bekenntnisschrift, die Confessio Augustana. Als die Protestanten 1547 den Schmalkaldischen Krieg verloren, bezahlte Wolfgang das mit einer fünfjährigen Verbannung aus Anhalt.

Anders verlief die Situation bei den Dessauer Verwandten. Dort konnten die drei Fürstenbrüder erst nach dem Tod der strenggläubigen Mutter Margarete (1473–1530) mit gemäßigten Reformen beginnen. Diese waren jedoch gegen enormen Druck durchzusetzen. Denn die einstigen Vormünder der Fürstenbrüder, Herzog Georg von Sachsen, Kurfürst Joachim von Brandenburg und Kardinal Albrecht von Brandenburg, hatten sich zu einem militärischen Bündnis gegen die Reformation zusammengeschlossen. Und in dieser Situation war es mehr als gewagt, die Reformation in den übrigen Landesteilen voranzutreiben.

Doch Georg III. von Anhalt (1507–1553) gelang es nicht nur, sich mit seinen beiden Brüdern zu einigen, er verfügte auch über ein erstaunliches Maß an diplomatischem Geschick. Sein Vorgehen bestand aus lauter kleinen Reformschritten, für die er aus der Bibel oder aus der Tradition gute Gründe beibringen konnte. Er vermied übertriebenen Reformeifer. Und doch ergab alles zusammen die unumkehrbare

Das »Dessauer Abendmahl« (1565) von Lucas Cranach d. J. in der Johanniskirche Dessau

Reformation des Landes. 1534 wurde in der Dessauer Marienkirche das Abendmahl erstmals auf evangelische Weise gefeiert, d.h. nicht nur mit Brot, sondern auch mit Wein. Damit war die Reformation in ganz Anhalt eingeführt. Allerdings wurden die Reformen weiterhin nur sehr bedächtig umgesetzt. Alles, was der Bibel nicht ausdrücklich widersprach, konnte beibehalten werden. So blieben z. B. die Bilder in den Kirchen, die Priester behielten ihre Chorröcke, und in den Gottesdiensten wurden nach wie vor lateinische Hymnen gesungen. Für Außenstehende war nicht in jedem Fall sofort zu erkennen, dass es sich um einen evangelischen Gottesdienst handelte.

Doch es blieb nicht bei dieser eher gemäßigten Reformation. 40 Jahre nach Luthers Tod entwickelte die Umsetzung der Reformen in Anhalt eine solche Geschwindigkeit, dass die Wittenberger und anhaltischen Theologen in einen offenen Streit darüber gerieten, wer das »wahre« Erbe der Reformation vertrete. Die Wittenberger begannen damals, das Erbe Melanchthons abzustreifen und sich einem orthodoxen Luthertum zuzuwenden. Die Anhalter dagegen öffneten sich zunehmend für den französisch-schweizerischen Protestantismus. Sie wurden deshalb als »Sakramentsfeinde und Schwärmer« verdächtigt und als »calvinische Blindenleiter« beschimpft.

Zu dieser Zeit war Fürst Joachim Ernst (1536–1586) alleinregierender Fürst in Anhalt. Zusammen mit den anhaltischen Theologen verweigerte er sich der konfessionellen Entwicklung in Sachsen. Für die Anhalter gehörten Luther und Melanchthon zusammen. Melanchthons Offenheit in dogmatischen Fragen blieb ihnen wichtig. Einige verfolgte Melanchthon-Schüler wurden sogar in Anhalt aufgenommen. Außerdem wurden die anhaltischen Pfarrer fortan nicht mehr in Wittenberg, sondern in Zerbst ordiniert. Und 1582 erhielt das Land mit dem ›Gymnasium illustre‹ in Zerbst eine eigene Ausbildungsstätte für Pfarrer und Beamte. Diese von Joachim Ernst gegründete Hochschule war gedacht als Gegengewicht zu den streng lutherisch geprägten Universitäten in Wittenberg und Leipzig.

Zwar näherte sich Joachim Ernst in seinen letzten Lebensjahren wieder dem orthodoxen Luthertum an, doch vor allem seine beiden Söhne Johann

Unionsdenkmal von Franz Woltreck in der Zerbster Nikolaikirche, vor der teilweisen Zerstörung im Zweiten Weltkrieg

Georg I. (1567–1618) und Christian I. (1568–1630) führten konsequent den reformierten, d. h. calvinistischen Glauben in Anhalt ein. Beide heirateten 1595 Töchter aus reformierten Fürstenhäusern. Während Johann Georg in zweiter Ehe die Pfalzgräfin Dorothea von Simmern ehelichte, vermählte sich Christian I. mit Anna von Bentheim. Die treibende Kraft in Anhalt war jedoch Johann Georg, da Christian I. schon bald internationale Karriere machte und vom pfälzischen Kurfürsten zum Statthalter in der Oberpfalz ernannt wurde. Johann Georg setzte 1596 auf eine konsequente Abschaffung der ›papistischen Überreste‹: Kruzifixe und Leuchter wurden von den Altären genommen, Kniebänke abgebrochen, Bilder entfernt. Anstelle von Altären ließ er einfache Abendmahlstische aufstellen. Die Wände wurden weiß getüncht. Goldene und silberne Kelche und Gerätschaften wurden eingeschmolzen und durch zinnerne und hölzerne ersetzt. Die Prediger mussten ihre Chorröcke ablegen und bürgerliche Tracht verwenden. Statt Oblaten gab es normales Brot beim Abendmahl. Psalmengesang ersetzte die liturgischen Gesänge. 1605 wurden die Kurpfälzer Agende sowie der Heidelberger Katechismus eingeführt.

Doch gegen diese deutliche Hinwendung zum Calvinismus erhob sich früh Widerstand. Dies betraf vor allem die Abschaffung des Exorzismus bei der Taufe. Dieser Exorzismus war in vielen lutherischen Gemeinden üblicher Brauch und ging zurück auf Luthers Taufbüchlein von 1523/26. Danach sollte der Pfarrer dem Kind vor der Taufe dreimal ins Gesicht blasen, ihm ein Kreuz auf Stirn und Brust machen und dann sprechen: »Ich beschwöre dich, du unreiner Geist, bei dem Namen des Vaters und des Sohnes und des Heiligen Geistes, dass du ausfahrest und weichest von diesem Diener Jesu Christi!« Die Paten mussten dann anstelle des Kindes dem Teufel absagen. Johann Georg sah darin die Gefahr, dass der Name Gottes als Beschwörungsformel missbraucht werde. Und in seelsorgerlicher Perspektive hatte er Frauen mit Fehlgeburten im Blick, die glauben mussten, ihre ungetauft verstorbenen Kinder seien ohne durchgeführten Exorzismus dem Teufel ausgeliefert.

Johann Georg hatte bereits 1589 seine älteste Tochter Sophie Elisabeth (1589–1622) in Gegenwart der Kurfürsten von Sachsen und Brandenburg ohne Exorzismus taufen lassen. In der Predigt wurde dieser Schritt ausführlich begründet. 1590 ließ Johann Georg ein anhaltisches Taufbüchlein herausbringen, in dem die Abschaffung des Exorzismus angeordnet wurde. Die meisten anhaltischen Pfarrer beugten sich dem Druck des Landesherrn, nur der Badeborner Pfarrer Johann Arndt (1555–1661) weigerte sich, den konfessionellen Wandel des Fürstenhauses mitzutragen. Er hielt am Exorzismus bei der Taufe fest und wurde daraufhin 1590 des Landes verwiesen. Auch Teile des Landadels, von denen das Fürstenhaus finanziell abhängig war, protestierten gegen die fürstliche Religionspolitik.

Den größten Rückschlag erlitt die Religionspolitik Johann Georgs und Christians durch den frühen Tod ihres Bruders Rudolf I. (1576–1621). Das Land war nämlich 1606 in vier Fürstentümer geteilt worden. Und nach dem Tod Rudolfs I. fiel der Zerbster Landesteil an seinen noch minderjährigen Sohn Johann (1621–1667). Dieser wuchs in Wittenberg und Oldenburg auf. Seine Mutter Magdalene (1585–

1657) ließ ihn dort im lutherischen Glauben erziehen. Nach seinem Regierungsantritt 1642 sorgte Johann dafür, dass wichtige Positionen in seinem Fürstentum durch Lutheraner besetzt wurden. Die reformierten Pfarrer dagegen wurden nach und nach ausgetauscht. Nur die Nikolaikirche in Zerbst blieb reformiert. Auch die Hochschule in Zerbst wurde systematisch an den Rand gedrängt. Johann gründete in Zerbst eine eigene lutherische Schule und verweigerte die Besoldung der reformierten Hochschullehrer. Er versuchte sogar, reichsrechtlich gegen die Hochschule vorzugehen. Dies führte langfristig zum Niedergang der Hochschule.

Ein weiterer Grund war der 30jährige Krieg (1618–1648). Anhalt wurde in die konfessionellen Auseinandersetzungen Europas hineingezogen. Fast 25 Jahre lang zogen immer wieder Soldaten plündernd und brandschatzend durch Anhalt. Städte und Dörfer wurden verwüstet. Unzählige Menschen fielen Hunger und Seuchen zum Opfer.

Doch die leidvollen Erfahrungen der Vermischung von Religion und Politik führten zu ersten Ansätzen der Toleranz. Im von Pietismus und Aufklärung geprägten 18. Jahrhundert entwickelte sich dann ein leidliches Miteinander der Konfessionen. Zugezogenen Lutheranern wurde in den reformierten Städten die Gründung neuer lutherischer Gemeinden gestattet. So wurden z.B. 1699 in Köthen und 1702 in Dessau lutherische Kirchen gebaut. Anhalt war zu diesem Zeitpunkt zu etwa einem Drittel lutherisch und zu zwei Dritteln reformiert.

Mit der Austeilung des Abendmahls in beiderlei Gestalt in Dessau 1534 war die Reformation in ganz Anhalt eingeführt.

Eine weitere Annäherung der Konfessionen begann Anfang des 19. Jahrhunderts. Unabhängig von der preußischen Entwicklung kam es in Bernburg (1820) und Dessau (1827) zu einer Union der beiden protestantischen Konfessionen zu einer »evangelisch-christlichen Kirche«. In Köthen wurden die Unionsbemühungen durch den zum Katholizismus konvertierten Herzog Ferdinand (1769–1830) verzögert, sodass es dort erst 1880 zur Union kam. Seitdem gibt es in Anhalt keine konfessionell getrennten Kirchengemeinden mehr. Reformiertes und lutherisches Erbe verschmolzen zu einer Einheit. ●

▸ **DR. ACHIM DETMERS**
ist anhaltischer Pfarrer, war Calvin-Beauftragter der Evangelischen Kirche in Deutschland und ist jetzt Rektor des Kirchlichen Fernunterrichts in Neudietendorf.

Fürsten zwischen Glaube und Vernunft

Zum Jubiläumsjahr »Anhalt 800« ist auf DVD ein Film erschienen, der die Geschichte der Reformation und der evangelischen Kirche in Anhalt nachzeichnet. Produziert und gedreht haben ihn im Auftrag der Evangelischen Landeskirche Anhalts Pfarrer Dr. Achim Detmers und der Filmemacher Konrad Schmid. Der Dokumentarfilm mit dem Titel »Fürsten zwischen Glaube und Vernunft – die andere Reformation Anhalts« enthält zahlreiche Interviews und Bilder von Schauplätzen in Anhalt. Zudem treten Fürstin Anna von Anhalt-Bernburg und ihr Gatte Christian I. in einen fiktiven Dialog und berichten unterhaltsam und anschaulich über die anhaltische Reformation. Der Dokumentarfilm zeichnet die markanten Wendepunkte der anhaltischen Kirchengeschichte nach und zeigt, wie sich die Evangelische Landeskirche Anhalts damals den Herausforderungen gestellt hat – und heute weiterhin stellt.

Der Film »Fürsten zwischen Glaube und Vernunft – die andere Reformation Anhalts« ist bei der Pressestelle der Landeskirche für 9,80 Euro erhältlich (Kirchengemeinden, Werke und Einrichtungen 7 Euro), Tel. 0340 / 2526-101 oder E-Mail: presse@kircheanhalt.de, alternativ auch bei der Ev. Buchhandlung (Johannisstraße 12) *für 9,80 Euro. Vorführungsrechte für Präsentationen in Gemeindekreisen sind vorhanden.*

Schon zu Lebzeiten »der Gottselige«

Als Reformationsfürst ging Georg III. von Anhalt in die Geschichte ein

VON ANGELA STOYE

Das Bild ist nur so groß wie ein Blatt Schreibpapier. Es zeigt einen Mann, der auf schwarzem Haar ein rotes Birett und das schwarze Gewand eines Geistlichen trägt. Das Gesicht, an dem zuerst die grauen Augen unter dunklen Brauen auffallen, ist ernst. Zwischen Nasenflügeln und Mundwinkeln sind Furchen angedeutet. 1538 malte ein Unbekannter das Porträt Georgs III. von Anhalt. Da war der Fürst 31 Jahre alt und zwei Drittel seines Lebens waren abgelaufen.

Das Bild stammt aus einem Buch, das er 1539 zum Gedächtnis an den ersten evangelischen Hofprediger in Dessau, Nikolaus Hausmann, herausgeben ließ. Es enthält Kopien von Briefen, die Georg von 1532 bis 1538 mit Gegnern und Befürwortern der Reformation wechselte. Beeindruckt von der in einem Schreiben Georgs besonders deutlich zu Tage tretenden exegetischen, theologischen und historischen Sachkenntnis, ließ sich ein fürstlicher Zeitgenosse zu der Äußerung hinreißen, dass dieses wohl nicht von Georg, sondern von einem »anderen Meister« stammen müsse.

Anders als viele zweitgeborene Söhne adeliger Familien, die für die geistliche Laufbahn bestimmt wurden, scheint der junge Georg diese Bestimmung sehr ernst genommen zu haben. Mit dazu beigetragen haben dürfte seine fromme Mutter Margarete von Münsterberg, die nach dem Tod ihres Mannes Ernst von Anhalt 1516 die Regentschaft übernahm und die drei Söhne mit Hilfe von »Mitvormündern« erzog. Für Georg waren das Adolf II. von Anhalt, ein entfernter Verwandter des Vaters, der von 1514 bis zu seinem Tod 1526 Bischof in Merseburg war, und Adolfs Bruder Magnus, der von 1516 bis 1524 als Dompropst in Magdeburg amtierte.

Mit dem Studium der alten Sprachen und des kanonischen Rechts an der Universität Leipzig, das Georg 1518 als Elfjähriger begann, bereitete er sich auf die geistliche Laufbahn vor. Im selben Jahr wurde er Domherr in Merseburg. Neben Adolf wurde Magister Georg Helt aus Forchheim sein wichtigster Lehrer und ein väterlicher Freund. Wenn der junge Fürst je von Zweifeln geplagt wurde, muss er damit wohl zu ihm gekommen sein. 1545, nach dem Tod Helts, schrieb Georg an Luther, dass er, Helt, »die Geheimnisse meines Herzens wusste, und ich dessen mannigfaltige Versuchung sicher und nicht ohne Segen in seine Brust ausschütten ... durfte ...«.

1524 wurde Georg zum Priester geweiht, 1526 zum Magdeburger Dompropst ernannt. Einige Jahre später wurde er juristischer Ratgeber des Erzbischofs, Kardinals und prominentesten Luther-Gegners, Albrecht von Brandenburg. Georgs Haltung – und die seiner Familie – zur Reformation war gespalten. Anfangs bestimmt von einem gewissen Interesse, schlug sie spätestens nach dem Bauernkrieg in Gegnerschaft um. Doch als sich die lutherische Lehre immer weiter auszubreiten begann, kam Georg nicht umhin, sich ernsthaft mit ihr auseinanderzusetzen. Ein Schüler Helts schrieb später in der ersten Biographie

Georg III.: Fürst und Christ in Anhalt

Mit Gottesdiensten, Veranstaltungen und Ausstellungen feierten die Evangelische Landeskirche Anhalts, die Stadt Dessau-Roßlau und die Kirchengemeinde Warmsdorf 2007 den 500. Geburtstag Georgs III. Zu den Festivitäten gehörte auch ein Theaterstück von Pfarrer i. R. Armin Assmann, das unter anderem in der Dessauer Marienkirche aufgeführt wurde.

Georgs, dieser habe so ernst die Lehren Luthers, die Bibel und die Kirchenväter studiert, dass er Augen- und andere gesundheitliche Probleme davontrug.

Nach dem Tod der Mutter 1530 näherte sich Georg, der nun mit seinen Brüdern Johann und Joachim regierte, dem neuen Glauben an. 1532 kam es nach längerem Briefwechsel zum ersten Treffen mit Luther und Melanchthon, 1534 zur Einführung der Reformation in Anhalt-Dessau. Durch sein Handeln wurde Georg III. zum Außenseiter im Merseburger Domkapitel, auch an Albrechts Hof war er zeitweilig nicht wohlgelitten.

Das Blatt wendete sich, als der hochverschuldete Albrecht ab 1540 gezwungen wurde, die Reformation in seinem Territorium zu dulden, und sich 1541 von Halle nach Mainz zurückzog. Am 4. Januar 1544 starb mit Sigismund von Lindenau der 44. und vorletzte katholische Merseburger Bischof.

Nach seinem Tod verhandelten der lutherische Herzog Moritz von Sachsen und das Domkapitel über einen Nachfolger. Über ein Jahr später trat August von Sachsen, der Bruder des Herzogs, sein Amt als Administrator an. Als Koadjutor wurde Georg III. eingesetzt, der weltliche und geistliche Teil des Bischofsamtes waren damit getrennt. Am 2. August 1545 ordinierte Martin Luther Georg im Merseburger Dom.

1547, nach der Niederlage der protestantischen Fürsten in der Schlacht bei Mühlberg, musste das sächsische Herrscherhaus Kaiser Karl V. Merseburg überlassen. Administrator August trat im Herbst 1548 zurück, Georg erklärte am 7. November 1548 seinen Rücktritt, nutzte aber die Zeit bis zur Ankunft seines Nachfolgers, um Erreichtes zu festigen. Der Katholik Michael Helding aus Mainz wurde im Mai 1549 zum Bischof gewählt und im Dezember 1550 eingeführt.

1551 verließ Georg Merseburg für immer und zog sich nach Warmsdorf bei Güsten zurück. Der Ort war ihm wenige Jahre zuvor im Zuge einer Erbteilung übereignet worden. Georg hatte die Wasserburg an der Wipper 1547 zu seiner Residenz gemacht und zum Schloss umbauen lassen (welches heute Ruine ist). Hier überwachte er die Drucklegung seiner Schriften und bot dem anhalt-dessauischen Fürstenhof 1552 während einer Pestepidemie Asyl.

Erst nach Michael Heldings Berufung 1561 nach Wien in ein neues Amt traten die Merseburger Domherren nach und nach zur neuen Lehre über. Das allerdings erlebte Georg nicht mehr. Er starb 1553 im Dessauer Schloss, erst 46 Jahre alt. Schon zu Lebzeiten erhielt er den Beinamen »der Gottselige«. ●

Porträt Georgs III. von 1539

▶ **ANGELA STOYE**
ist Redakteurin der Kirchenzeitung »Glaube und Heimat«.

Wolfgang der Bekenner

Ein streitbarer Fürst und treuer Anhänger Luthers

VON GÜNTER PRECKEL

Fürst Wolfgang zu Anhalt-Köthen

Im Jahr der Entdeckung Amerikas durch Kolumbus, am 1. August 1492 früh um sieben Uhr, wurde auf Schloss Köthen Fürst Wolfgang von Anhalt geboren. Sein Vater war Fürst Waldemar VI. aus der Köthen-Bernburger Linie des anhaltischen Herrscherhauses, seine Mutter die »gottselige« Margarete von Schwarzburg. Wolfgang wuchs als drittes von fünf Kindern auf. Seine Mutter erzog ihren einzigen Sohn voller Liebe. Ein schöner Knabe, groß und kräftig, frisch und fröhlich. Er bekam eine umfassende Bildung, zu der auch ritterliche Übungen gehörten. Im Alter von acht Jahren bezog Wolfgang im Jahre 1500 die Universität in Leipzig.

Als 1508 der Vater starb, trat er gemeinsam mit seiner Mutter die Regierung an. Zu seinem Herrschaftsgebiet gehörten neben dem Bernburger und Köthener Land auch die Stadt Coswig und zur Hälfte die Zerbster Herrschaft, die er sich mit den Dessauer Fürsten teilte. Mit seinem Vetter Adolf, dem späteren Bischof von Merseburg, reiste Wolfgang 1510 nach Rom. Hier erlebte er in besonders eindrücklicher Weise, wie tief die Kirche jener Zeit gesunken war. Zurück in Deutschland trat Wolfgang in kursächsische Dienste. Die hohe Verschuldung seines kleinen Landes zwang ihn, zusätzlich Geld zu verdienen. Nahezu ein halbes Jahrhundert diente er fünf sächsischen Kurfürsten als Rat und Statthalter. Klug und umsichtig, stets aufrichtiger Gesinnung, suchte er immer zu vermitteln und ein ehrlicher Makler zu sein. Bescheiden, fromm und loyal, so versah er seine Ämter. Briefe schrieb er meist mit eigener Hand. Dem Übel seiner Zeit und seines Standes, dem übermäßigen Trinken, folgte er nur notgedrungen. Es passte nicht zu seiner eher nüchternen Art. Gern beteiligte er sich aber an ritterlichen Spielen und Turnieren.

Martin Luther hat Wolfgang von Anhalt schon sehr früh in Wittenberg kennengelernt. Bald war Wolfgang von der neuen Lehre überzeugt und wurde zu seinem Anhänger und Mitstreiter. Als Reichsfürst nahm er an allen wichtigen Reichstagen teil, so auch in Worms 1521. Auf dem Reichstag in Speyer 1529 gehörte er zu den Unterzeichnern der »Protestation«, die sich gegen die kaiserliche Willkür in Glaubensdingen aussprach. Im Jahr darauf hat Wolfgang auch die Confessio Augustana, die »Gründungsurkunde« der evangelischen Kirche mitunterschrieben. Seine Haltung erhellt der ihm zugeschriebene Spruch: »Wenn es darauf ankommt, so will ich lieber Einem die Stiefel abwischen und Land und Leute verlassen und mit einem Stecken davon gehen, als dem Evangelio untreu werden.«

In seinem Land hat Fürst Wolfgang schon in den 1520er Jahren begonnen, die Reformation einzuführen – mit evangelischer Predigt und neuer Kirchenordnung. In Bezug auf die Pfarrer äußerte er einmal: »Wenn es in seinem Vermögen wäre, wollte er vor allen Dingen allen Pfarrern in seinem ganzen Lande ihre Besoldung in barem Gelde geben, damit sie durch Ackerbau nicht so schädlich in ihrem Studieren und Gebeten gehindert würden.« Er trieb die Auflösung der anhaltischen Klöster voran, wobei sicher auch sein herrschaftliches Interesse eine Rolle spielte. Das Schulwesen förderte er. Das von ihm gestiftete Wolfgangs-Stipendium bestand bis zum Jahr 1945. An Bauten hinterließ er u. a. den sehr schönen Wolfgangbau des Bernburger Schlosses. Im Harz förderte er gemeinsam mit den Dessauer Vettern den Bergbau, so dass 1539 anhaltische Silbertaler geschlagen werden konnten.

Im Februar 1546 war es Wolfgang, der die Leiche Martin Luthers von Eisleben nach Wittenberg zurückleitete. Im Schmalkaldischen Krieg finden wir Wolfgang an der Seite des sächsischen Kurfürsten Johann Friedrich. Mit Hilfe von dessen Truppen besetzte er die Stadt Aschersleben und wurde dafür vom Kaiser in die Reichsacht getan. Nach der verlorenen

Fürst Wolfgang unterzeichnete die »Protestation« zu Speyer und das Augsburger Bekenntnis.

Schlacht von Mühlberg an der Elbe musste Wolfgang flüchten und soll sich eine Zeit lang in der Mühle von Chörau als Mühlknecht versteckt haben. Sein Land verlor er, es war Kriegsbeute der Sieger. Erst nach langen, zähen Verhandlungen, auch mit Unterstützung der Dessauer Vettern und Zahlung einer großen Geldsumme erhielt er es zurück.

Wolfgang, der kinderlos war und mit zunehmendem Alter von allerlei Krankheiten geplagt wurde, verzichtete 1562 zugunsten der Dessauer Vettern auf seine Herrschaft und zog sich nach Coswig zurück. 1564 übersiedelte er nach Zerbst, wo er am 23. März 1566 starb und vor den Stufen des Altars der Zerbster Bartholomäikirche beigesetzt wurde. Vor seinem Tode soll er noch gesagt haben: »Verlasset euch nicht auf Fürsten, die sind Menschen und können euch ja nicht helfen. Ach Herr, mehre uns den Glauben.« ●

▶ **GÜNTER PRECKEL**
ist Archivar der Evangelischen Landeskirche Anhalts.

»dem Evangelio treu«

Fürst Wolfgang von Anhalt war auch als Figur vertreten im Theaterstück von Pfarrer i. R. Armin Assmann über Fürst Georg III. Das Stück wurde 2007 anlässlich des 500. Geburtstages von Georg III. in der Kirche St. Marien zu Dessau uraufgeführt.

Die Rolle des standhaften Fürsten Wolfgang übernahm damals der Landesarchivar der Evangelischen Landeskirche Anhalts, Günter Preckel – zugleich Autor des Beitrages auf dieser Seite.

Der gute Geist der Zeiten

Reformation, Aufklärung und Moderne in Anhalt

VON ANDREAS HILLGER

Die berühmteste Definition des Begriffes »Aufklärung« stammt zwar von einem Königsberger, der ältere und grundlegende Text zu diesem Thema aber ist um drei Monate älter und wurde von einem Mann aus Anhalt geschrieben. Denn noch bevor Immanuel Kant in der »Berlinischen Monatsschrift« vom Dezember 1784 seinen epochemachenden Aufsatz »Beantwortung der Frage: Was ist Aufklärung?« veröffentlichen konnte, war am gleichen Ort bereits eine Schrift mit dem ähnlich lautenden Titel »Ueber die Frage: was heißt aufklären?« erschienen. Ihr Autor hieß Moses Mendelssohn, war zu jenem Zeitpunkt 55 Jahre alt und hatte sich vom einstigen Bettelstudenten zum hochgeachteten Protagonisten der Berliner Intellektuellen-Kreise emporgearbeitet – nicht zuletzt deshalb, weil er ebenjenen Philosophen Kant bereits 1763 in einem philosophischen Wettbewerb der Königlichen Akademie auf den zweiten Platz verwiesen und wenige Jahre später Modell für Lessings Theaterhelden »Nathan der Weise« gestanden hatte. Nun, kurz vor dem Ende seines Lebens, definierte Mendelssohn Bildung als Maß und Ziel aller Bestrebungen, wobei er diesen Begriff als Summe aus praktischem Handwerk, Kunst und Sitten – mithin der Kultur – herleitete. Dass er damit auch Traditionslinien seiner früh verlassenen Heimat nach- und weiterzeichnete, sichert ihm bis heute einen hervorragenden Platz in der Galerie der anhaltischen Aufklärer.

Die kommt – wenn man Kants Kürzel vom »Austritt des Menschen aus seiner selbst verschuldeten Unmündigkeit« zur Basis nimmt – natürlich nicht ohne die anhaltischen Fürsten der Reformation aus. Schließlich zählten Wolfgang von Anhalt-Köthen 1525, sein Namensvetter in Anhalt-Bernburg ein Jahr später sowie die Dessauer Brüder Georg III., Joachim und Johann IV. schließlich 1530 zu jenen deutschen Herrschern, die sich schon früh der protestantischen Lehre angeschlossen und so eigene Mündigkeit in Glaubensfragen unter Beweis gestellt hatten. Dass namentlich Georg III., genannt »der Gottselige«, enge Beziehungen nach Wittenberg pflegte und auf Luthers Empfehlung den Prediger Nikolaus Hausmann nach Dessau holte, belegt die Ernsthaftigkeit seines Bemühens um die geistliche Reform – die in weltlicher Hinsicht im Übrigen nicht ohne Risiko war. Aber möglicherweise war es ja gerade ihr mangelndes politisches Schwergewicht, das den Anhaltern seit jeher Freiheit zu eher eigensinnigem als dynastischem Denken gab.

Die prominenteste Regentin aus dem Geschlecht stammte aus der Linie von Anhalt-Zerbst-Dornburg und musste 1745 erst nach Russland heiraten, um dort als Zarin Katharina die Große Weltgeschichte schreiben zu können. Als Herrscherin des Riesenreiches stützte sie sich dabei auch auf Ideen ihres Brieffreundes Voltaire, der sie als »Philosophin auf dem Thron« und als »hellsten Stern des Nordens« schätzte. In Anhalt-Dessau begann unterdessen ein Mann sein Werk, der bei Katharinas Abreise aus Zerbst erst vier Jahre alt gewesen war und seinen Landeskindern als »Vater Franz« in dauerhafter Erinnerung bleiben sollte. Als Enkel des »Alten Dessauers«, der den Preußen in vielen Schlachten gedient und seinen Reformwillen dabei eher durch die Einführung des Stechschritts und des Eisernen Ladestocks (sowie durch die Liebesheirat mit einer Dessauer Apothekerstochter) unter Beweis gestellt hatte, ging Leopold III. Friedrich Franz von Anhalt-Dessau 1757 von der fremden Fahne und erklärte sein Fürstentum ein Jahr nach Ausbruch des Siebenjährigen Krieges für neutral. Dass er dafür Kontributionen an die mächtigen preußischen Nachbarn zahlen musste, nahm er in Kauf. Immerhin ließ ihm dies die Freiheit, im Kleinen sein großes Werk zu beginnen, das heute als das »Dessau-Wörlitzer Gartenreich« zum Weltkulturerbe der Unesco zählt. Dabei sind die Wörlitzer Anlagen mit ihrem »Toleranzblick« zur evangelischen Kirche und zur Synagoge, mit ihrem aus italienischer Antike und englischer Neogotik geformten »Gotischen Haus«, mit ihrem Parcours von Brücken nach historischen Vorbildern und mit den zahlreichen, an Kanälen und in Hainen platzierten Denkmälern nur der gebaute Ausdruck eines umfassenden Reformwillens.

Im philosophischen Wettstreit bezwang Moses Mendelssohn sogar Immanuel Kant.

Der aufgeklärte Geist ihres Schöpfers nimmt auch die Toleranz in Glaubensfragen buchstäblich in den Blick, wenn er die Synagoge und das protestantische Gotteshaus so nah beieinander errichten lässt, dass sie vom anderen Ufer des Sees als unmittelbare Nachbarn erscheinen. Dies ist ein »Toleranz-

◂ Statue des Fürsten Franz von Anhalt-Dessau vor der Dessauer Johanniskirche

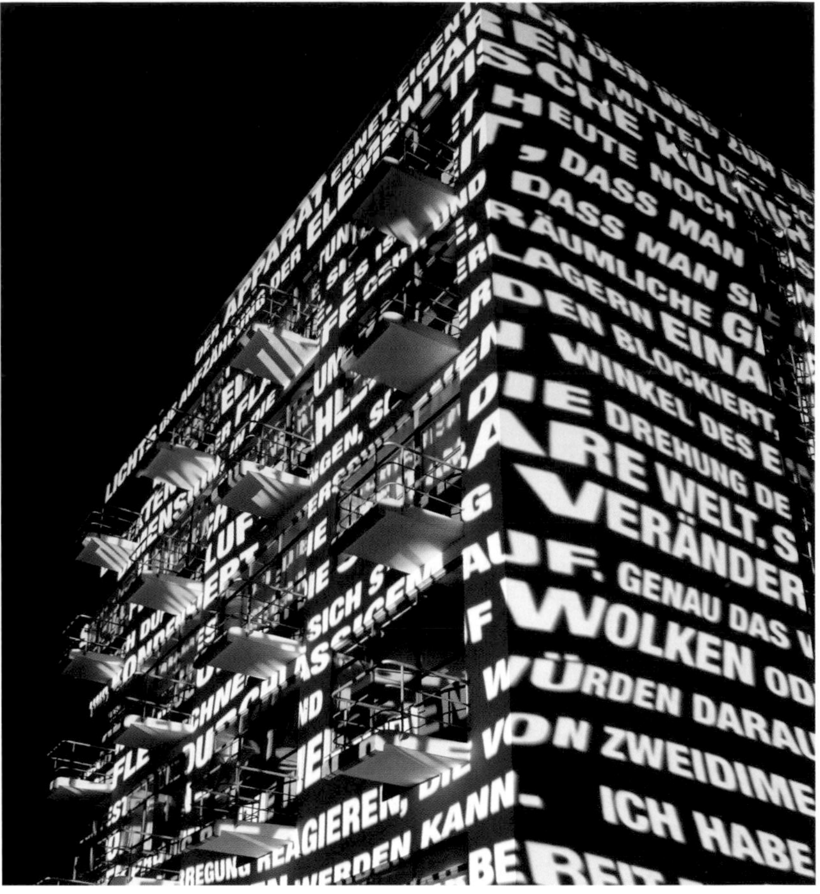
HEUTE NOCH
DASS MAN
RÄUMLICHE
LAGERN EINA
DEN BLOCKIERT,
WINKEL DES
DIE DREHUNG DE
VERÄNDER
AUF. GENAU DAS
WOLKEN OD
WÜRDEN DARAU
VON ZWEIDIME
ICH HABE
REAGIEREN,
WERDEN KANN.

blick«, der dem einst aus Anhalt nach Preußen emigrierten »Nathan« wenige Jahre nach dessen Tod die Ehre erwies und der sogar die Zeit der Nationalsozialisten überstand, weil ausgerechnet ein Gärtner – der Großvater des Dessauer Schauspielers Dieter Hallervorden – im Geiste seiner Vorgänger die Synagoge vor der Zerstörung rettete. Dass Anhalt freilich eines der ersten deutschen Länder war, die von den Nazis regiert wurden, darf an dieser Stelle auch nicht verschwiegen werden.

Schon die Eindeichung des Terrains, das zum ursprünglichen Überschwemmungsgebiet der Elbe zählt, setzt ein Beispiel für tätige Landschaftsgestaltung. Weitaus wichtiger aber war es diesem Fürsten, die Menschen zu formen: Mit dem Dessauer Philanthropinum, einer »Pflanzschule der Menschheit« unter der Leitung von Pädagogen wie Johann Bernhard Basedow oder Johann Heinrich Campe, setzte er die in der Reformation durch Philipp Melanchthon begründete pädagogische Tradition fort. Mit der Gründung einer Buchhandlung der Gelehrten und einer Chalcographischen Gesellschaft sorgte er für die Verbreitung von Literatur und Bildender Kunst. Und mit dem Projekt einer Kunstgewerbeschule, das er gemeinsam mit seinem Architekten Friedrich Wilhelm von Erdmannsdorff vorantrieb, bereitete er schließlich auch den Boden für die dritte große Etappe der Avantgarde in Anhalt. Dass Leopold III. Friedrich Franz ganzheitlich dachte, dass er »Kultur« tatsächlich umfassend und im ursprünglichen Sinn verstand, sieht man beim Gang durch seine Wörlitzer Anlagen bis heute: Zum einen finden sich hier Anschauungsobjekte wie der »Stein«, der als künstlicher Vulkan am Ufer des Sees wie ein Monument für die antike Debatte über den Ursprung des Lebens aus dem Feuer oder dem Wasser wirkt, der Wörlitz-Bewunderer Goethe zur gleichen Zeit seine »Klassische Walpurgisnacht« im Faust II gewidmet hat. Und zum anderen sind zwischen den Wiesen und Park-Passagan auch Felder angelegt, am Ufer eines Kanals steht ein Kuhstall ... das Angenehme verbindet sich mit dem Nützlichen, das Vergnügen ist ohne die Tätigkeit nicht zu haben.

Eine Allianz unter ganz ähnlichen Vorzeichen wurde dann 1925 in Anhalt ausgerufen: Als das Bauhaus von Weimar herkommend in Dessau eintraf, stand dieser Wechsel unter dem Motto »Kunst und Technik – eine neue Einheit«. Dass sich die nach dem Ersten Weltkrieg gegründete Hochschule für Gestaltung auch darum für die kleine Residenz (und gegen Metropolen wie Berlin oder Frankfurt am Main) entschied, weil sie hier aufgeklärte Entscheidungsträger wie den Oberbürgermeister Fritz Hesse oder den Landeskonservator Ludwig Grote als Partner vorfand, steht außer Frage – ebenso wie das Interesse an der Vernetzung mit Industriellen wie dem Dessauer Flugzeugkonstrukteur Hugo Junkers. Dass die Bauhaus-Meister – eine illustre Runde mit Namen wie Laszlo Moholy-Nagy, Lyonel Feininger, Georg Muche, Oskar Schlemmer, Wassily Kandinsky und Paul Klee unter dem Direktorat von Walter Gropius – ihren Wohnsitz zudem unmittelbar an den »Sieben Säulen« als einem Eingang zum Gartenreich wählten, darf man gewiss auch als Bekenntnis zur lokalen Tradition verstehen. Heute verdankt Anhalt dieser fruchtbaren, nur sieben Jahre währenden Ära seinen doppelten Welterbe-Status, der wiederum mit der dritten Unesco-Stätte der Region – den Luther-Gedenkstätten in Wittenberg und Eisleben – korrespondiert. Plakativ gesprochen sind also 400 Jahre Reformgeschichte von Martin Luther über Vater Franz bis zu Walter Gropius auf einer Strecke von nur 40 Kilometern vereint. Dass jenes Grundstück, auf dem heute das Bauhaus steht, der Legende nach ursprünglich für eine evangelische Kirche vorgesehen war, schließt den Kreis von der Wittenberger Schlosskirche bis zu Feiningers »Kathedrale des Sozialismus«. Denn so ändern sich die Zeiten – und so bleibt der Geist sich treu. ●

Frühlingserwachen im Wörlitzer Park

◂ Links oben: Schlosskirche Wittenberg

◂ Rechts oben: Lichtinstallation von Sigrid Sandmann zum Farbfest 2011 am Dessauer Bauhaus

◂ Links unten: Schloss Wörlitz

▸ **ANDREAS HILLGER**
lebt als freischaffender Autor in Dessau.

Sie schrieben Geschichte in Anhalt und anderswo

VON ANGELA STOYE

Äbtissin und Friedensstifterin Grafentochter Hathui

Über ein halbes Jahrhundert prägte Hathui (939–1014) die Geschicke des Stifts Gernrode. Die Grafentochter aus der Familie der Billunger heiratete als 13-Jährige den Sohn des Markgrafen Gero und wurde schon als 20-Jährige Witwe. Der Markgraf vermachte seine Habe dem von ihm gegründeten frei-weltlichen Stift Gernrode und bestimmte seine Schwiegertochter zur Äbtissin. Während ihrer 55-jährigen Regierungszeit wurde die Stiftskirche in Angriff genommen und nach 20 Jahren Bauzeit vollendet. Mehrere Male stiftete Hathui Frieden zwischen ihren Brüdern und den Ottonen-Herrschern.

Tatkräftige Herrscherin Katharina die Große (2)

Nur zwei Jahre lebte Sophie Auguste Friederike von Anhalt-Zerbst-Dornburg (1729–1796) in Zerbst. Im Januar 1744 reiste die in Stettin geborene Prinzessin nach Moskau, wo sie ihren Vornamen änderte und den Thronfolger, den späteren Zaren Peter III., heiratete. Die unglückliche Ehe endete mit dem Sturz und der Ermordung Peters 1762. Die intelligente und tatkräftige Katharina, die am Staatsstreich beteiligt war, wurde zur Zarin gekrönt und herrschte mehr als 30 Jahre über ein riesiges Reich. Sie ist die einzige Herrscherin, der in der Geschichtsschreibung der Beinamen »die Große« verliehen wurde.

Weltbekannte Dom-Stifterin Uta von Ballenstedt (1)

Uta von Ballenstedt (um 1000–1046) aus dem Geschlecht der Askanier, mit dem Meißner Markgrafen Ekkehard II. verheiratet, war eine der Stifterinnen des Naumburger Domes. Weltbekannt wurde sie in der Gestalt, die ihr der Naumburger Meister im 13. Jahrhundert gab.

Philosophisches Denkmal Moses Mendelssohn (3)

Der bekannte deutsch-jüdische Philosoph und Wegbereiter der jüdischen Aufklärung Moses Mendelssohn (1729–1786) stammt aus Dessau. 1743 folgte er seinem Lehrer, dem Dessauer Oberrabbiner und Gelehrten David Fränkel, nach Berlin. Hier schloss er Freundschaft mit dem Verlagsbuchhändler Friedrich Nicolai und dem Dichter Gotthold Ephraim Lessing, der ihm in seinem Drama »Nathan der Weise« ein Denkmal setzte. Noch bekannter sind seine Enkelkinder, die Komponisten Fanny Hensel und Felix Mendelssohn Bartholdy.

Begründer der Homöopathie Samuel Hahnemann ④

Er war ein Wanderer zwischen Orten und Wissensgebieten. Ein Grund für das unstete Umherziehen von Christian Friedrich Samuel Hahnemann (1755–1843) dürfte die Tatsache gewesen sein, dass es der Arzt, Chemiker, Schriftsteller und Übersetzer medizinischer Literatur schwer hatte, als Freiberufler für sich und seine große Familie den Lebensunterhalt zu erwirtschaften. Außerdem geriet er immer wieder in Streit mit Ärzten und Apothekern, die die von ihm begründete Lehre der Homöopathie nicht anerkennen wollten. Ob »Ähnliches mit Ähnlichem« geheilt werden kann, ist bis heute umstritten. Am längsten sesshaft wurde Hahnemann von 1821 bis 1835 Köthen, wo er herzoglicher Leibarzt war. Als angesehner und vielbeschäftigter Arzt starb er 1843 in Paris.

Später Nachruhm Wilhelm Müller ⑤

Nur 32 Jahre lebte Wilhelm Müller (1794–1827). Doch sein Nachruhm währt bis heute. Denn der gebürtige Dessauer Schneiderssohn dichtete die Zyklen »Die schöne Müllerin« und »Winterreise«, die in den Vertonungen von Franz Schubert bis heute Konzertsäle füllen. Von den Vertonungen erfuhr Müller, der nach dem Studium der Philologie in Berlin als Gymnasiallehrer und Bibliothekar in Dessau tätig war, durch seinen frühen Tod nichts mehr.

Legendärer Luftfahrtpionier Hugo Junkers ⑥

Der Ingenieur und Unternehmer Hugo Junkers (1859–1935) entwickelte nicht nur das nach ihm benannte erste zivile Ganzmetall-Flugzeug und Flugzeugmotoren. Anfangs konstruierte er Gasthermen, später arbeitete er unter anderem mit Bauhaus-Meistern auf dem Gebiet des Metall-Hausbaus zusammen. Er gründete 1895 in Dessau die Firma Junkers & Co. und war Eigentümer des Motorenbaus und der Flugzeugwerke AG. 1933 wurde er enteignet und erhielt Stadtverbot für Dessau. Als die Dessauer Junkers-Werke von 1939 bis 1945 einer der wichtigsten deutschen Produzenten von Militärflugzeugen waren, hatte die Familie des Erfinders damit nichts mehr zu tun.

Komponist von Weltruf Kurt Weill ⑦

Deutschland, Frankreich und Amerika waren die Lebensstationen von Kurt Weill (1900–1950). Der Sohn eines jüdischen Kantors stammt aus Dessau und begann 1918 mit dem Musikstudium in Berlin. 1927 begann er mit Bertolt Brecht zusammenzuarbeiten; ihre »Dreigroschenoper« wurde überaus populär. 1933 floh Weill vor den Nationalsozialisten nach Paris, 1935 emigrierte er in die USA. In den 1940er Jahren hatte er mit verschiedenen Musicals am Broadway großen Erfolg. Weill starb mit nur 50 Jahren. Seine kontrastreichen und vielseitigen Werke werden oft aufgeführt – nicht zuletzt beim jährlichen Dessauer Kurt-Weill-Fest.

B
A

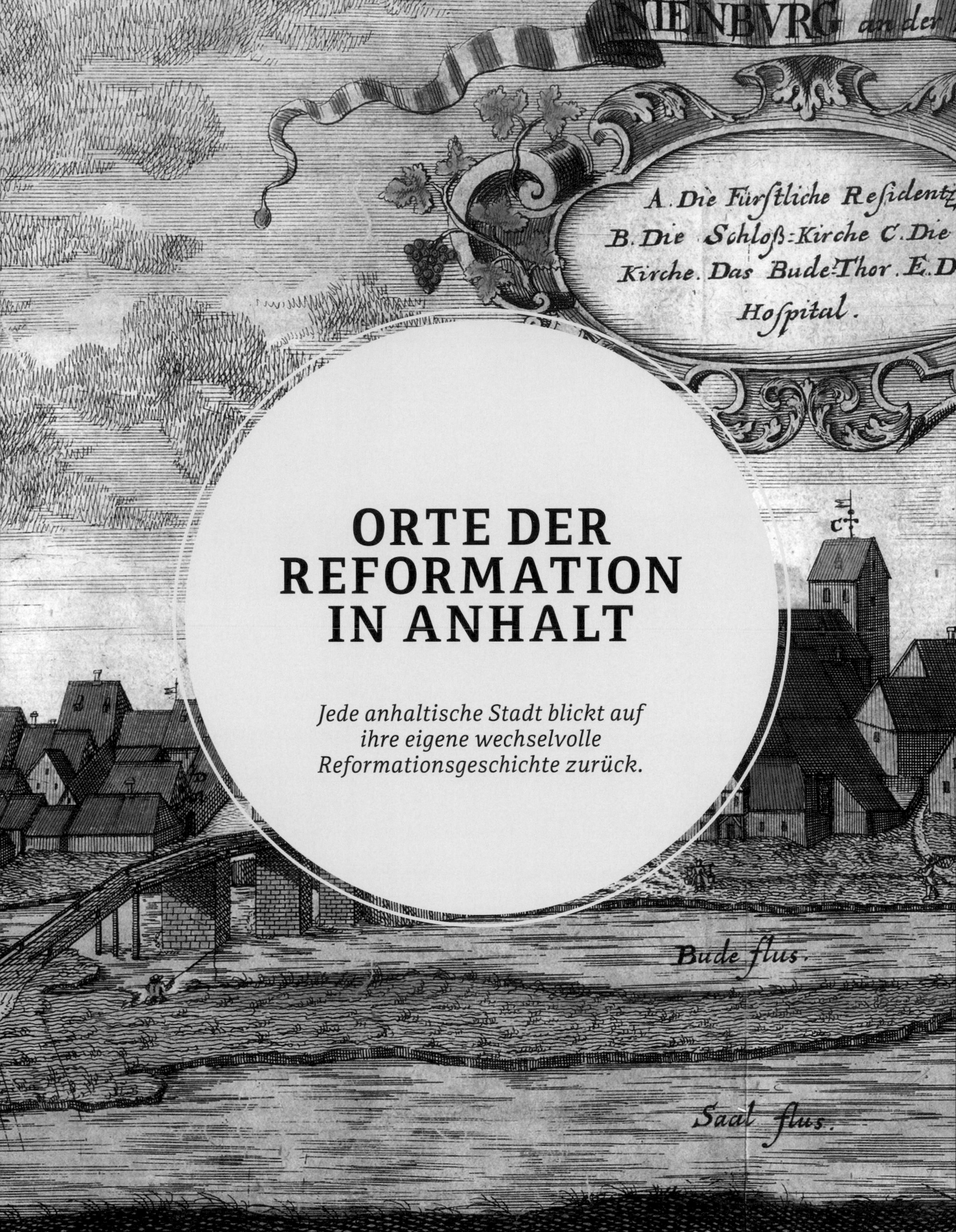

ORTE DER REFORMATION IN ANHALT

Jede anhaltische Stadt blickt auf ihre eigene wechselvolle Reformationsgeschichte zurück.

Der Lutherweg

Pilgern und Wandern auf den Spuren des Reformators

VON JOHANNES KILLYEN

Für die Pilger seiner Zeit hatte Martin Luther (1483–1546) nicht viel übrig. Abschätzig bezeichnete er das Pilgern als »Geläuff« und wandte sich gegen die damals verbreitete Auffassung, mit ordentlichen Bußmärschen könne man das persönliche Seelenheil erkaufen. Wenn es in Sachsen-Anhalt seit 2008 und seit Kurzem auch in Thüringen, Sachsen und Bayern trotzdem einen Lutherweg gibt, so ist das nur auf den ersten Blick verwirrend. Denn Pilgern heute heißt, auszubrechen aus dem Alltag, der Seele Raum zu geben, sich selbst zu suchen – und auch Gott. Dagegen hätte Luther gewiss nichts einzuwenden gehabt. Pilgern, das ist »Beten mit den Füßen«.

Der Lutherweg Sachsen-Anhalt verbindet auf einem Rundkurs von insgesamt 410 Kilometern die berühmten Lutherstädte Wittenberg und Eisleben. Nördlich führt er durch die historische Region Anhalt, die 2012 ihr 800-jähriges Bestehen feiert. Auf dem Weg liegen dort zum Beispiel die Städte Dessau-Roßlau, Zerbst, Köthen und Bernburg. Südlich leitet der Lutherweg Wanderer und Pilger über Bitterfeld, die Dübener Heide, Halle und das Mansfelder Land nach Lutherstadt Eisleben und Mansfeld Lutherstadt.

Anliegen des Weges, der durch eine Wort-Bild-Marke mit einem stilisierten »L« markiert wurde, ist es, wichtige Stätten der Reformation ebenso wie kulturelle Höhepunkte und wunderbare Kleinode ins rechte Licht zu rücken – auch abseits der Lutherzentren Wittenberg und Eisleben. Zugleich sollen Wanderer und Pilger natürlich in vollen Zügen die herrliche Natur am Weg erleben.

Besonders reizvoll ist etwa die Wanderung von Lutherstadt Wittenberg nach Dessau, die mitten im Zentrum der Reformation beginnt. Zahlreiche historische Stätten erinnern in Wittenberg an das Wirken Martin Luthers, der hier von 1508 bis zu seinem Tode 1546 lebte: die Stadtkirche St. Marien als Luthers Predigtkirche etwa, oder die Schlosskirche, an deren Tür der Reformator angeblich 1517 seine »95 Thesen« schlug und damit die Geburtsstunde der Reformation einläutete.

Von Wittenberg führt der Weg in Nähe der Elbe und parallel zum Elbe-Radwanderweg nach Coswig (Anhalt), wo Wanderer unbedingt die Kirche St. Nicolai mit ihren beeindruckenden Doppelemporen besuchen sollten. St. Nicolai war 2002/2003 »Kirche des Jahres« in Sachsen-Anhalt. Mit einer Seilfähre setzt man danach Richtung Wörlitz über, dem Herz des Dessau-Wörlitzer Gartenreiches. In der Wörlitzer Petrikirche predigte einst auch Martin Luther vor Fürsten aus Mitteldeutschland – zum Nachfolgebau gehört unter anderem ein reizvolles Bibelmuseum, das im Kirchturm, dem »Bibelturm«, untergebracht ist.

Entlang der Elbe und inmitten einer malerischen Auenlandschaft mit jahrhundertealten Eichen führt der Weg weiter nach Dessau, vorbei etwa am »Luisium«, dem Refugium der Fürstengattin Louise. In der Bauhausstadt Dessau laden Welterbestätten, reizvolle Museen und herausragende Kirchenge-

◀S. 40
Kupferstich der Stadt Nienburg von 1710

bäude zum Besuch ein, nicht zuletzt das Bauhaus, das als Musterbau und Lehranstalt der modernen Kunst und Architektur von 1926 bis 1932 in der Muldestadt zu Hause war. Eine wichtige Station auf dem Lutherweg ist die Kirche St. Johannis, in der sich mehrere Gemälde der Maler und Luther-Zeitgenossen Lucas Cranach (Vater und Sohn) befinden – ebenso wie in der Anhaltischen Gemäldegalerie, die über einen der wichtigsten Cranach-Bestände in Deutschland verfügt.

Manches Überraschende haben die Stationen am Lutherweg zu bieten: Oder wussten Sie, dass Zerbst zu Luthers Zeiten deutlich größer als Dessau oder Wittenberg war – und sich bereits 1522 zur Reformation bekannte? Im weiteren Verlauf stoßen wir auf Köthen, wo Johann Sebastian Bach von 1717 bis 1723 Kapellmeister war; in Bernburg können Wanderer schon von Weitem das herrliche Renaissance-Schloss sehen, das wie eine Krone über der Saale prangt. Ebenso typisch für den Lutherweg sind aber auch kleine Dorfkirchen wie in Wohlsdorf, wo man übrigens in einer echten Pilgerherberge übernachten kann.

Wandern und Pilgern auf Luthers Spuren – das ist eine Idee, die in Mitteldeutschland und darüber hinaus immer mehr Anhänger findet. Die Lutherwege in Sachsen, Sachsen-Anhalt, Thüringen und Bayern planen bereits viele Aktivitäten zusammen, eine gemeinsame Homepage ist in Arbeit. Und auch in Hessen, wo bereits ein Trägerverein für den Lutherweg Hessen gegründet wurde, und in Brandenburg ist das Interesse an einem Lutherweg schon erwacht. Den gesamten Lutherweg zu erkunden, dessen Fertigstellung 2015 mit über 2.000 km Länge abgeschlossen sein soll, ist besonders reizvoll, wenn man sich auf die unterschiedlichen thematischen Schwerpunkte der einzelnen Stationen einlässt, die oft ungewöhnliche Zugänge zum Thema Reformation ermöglichen. ●

▶ **KONTAKT**
Geschäftsstelle der Lutherweg-Gesellschaft e. V.,
Lutherstraße 17, 06886 Lutherstadt Wittenberg,
Telefon 03491 / 459 80 51,
info@lutherweg-gesellschaft.de, www.lutherweg.de

▶ **Literatur**
Wandern und Pilgern auf dem Lutherweg in Sachsen-Anhalt, 33 Detailkarten, Maßstab 1:50.000, 9,50 Euro, ISBN 978-3-86973-039-4

Links: Pilger an der evangelischen Kirche in Wohlsdorf bei Köthen

◀ Oben: Pilger in Mönchskostüm mit Pony auf dem Lutherweg

»Weit überlegen allen Papisten«

Die Entwicklung der Reformation in der Muldestadt Dessau

VON GÜNTER PRECKEL

In Dessau lebten zu Beginn des 16. Jahrhunderts nur etwa 800 Menschen. Die Stadt an der Mulde war der Sitz von Fürst Ernst, der im Schloss mit seiner Gemahlin Margarete von Münsterberg residierte. Das anhaltische Land war damals unter zwei Linien des askanischen Fürstenhauses aufgeteilt: Der Dessauer Teil hatte eine Bevölkerung von etwas mehr als 15.000 Einwohnern, im Köthener Anteil herrschte Fürst Wolfgang. Die Städte Bernburg und Zerbst wurden gemeinschaftlich regiert.

Die Stadt Dessau lag abseits der großen Verkehrswege. Ihre wirtschaftliche und kulturelle Entwicklung vollzog sich nur langsam. Bedeutung erlangte Dessau als Sitz einer sich entwickelnden Landesverwaltung und als regionales politisches Machtzentrum. Wichtig für die Stadtentwicklung war der Neubau der neuen, großen Stadt- und Schlosskirche St. Marien, der viele Menschen nach Dessau zog. Die Grundsteinlegung erfolgte am 25. Mai 1506. Am 15. Oktober 1523 wurde die noch nicht ganz fertiggestellte Kirche durch den Kardinal und Erzbischof von Magdeburg und Mainz, Albrecht von Hohenzollern, eingeweiht. Zwischenzeitlich war im Jahre 1516 Fürst Ernst gestorben, dessen Gattin Margarete von Münsterberg die Regierung für ihre drei noch unmündigen Söhne Johann (1504–1551), Georg (1507–1553) und Joachim (1509–1561) führte. Die sehr fromme Fürstin Margarete, bekannt auch als Verfasserin geistlicher Dichtungen, war schon vor 1520 mit Luther in Kontakt gekommen. Sie zeigte sich anfangs aufgeschlossen für die Lehren Luthers.

Doch dieser Kontakt brach wieder ab, zum einen wohl durch den Einfluss des streng katholischen Merseburger Bischofs Adolf von Anhalt, zum anderen sicher durch die Verstimmung Margaretes gegenüber den evangelischen Kursachsen, die ihr wegen des lange Zeit verpfändeten Amtes Wörlitz Schwierigkeiten bereiteten. So kam es, dass das gegen die Reformation gerichtete Fürstenbündnis im Jahr 1525 in Dessau geschlossen wurde und den Namen der Stadt erhielt.

Der begabteste unter den Söhnen der Fürstin Margarete war Georg (► S. 30). Er bezog 1518 die Universität Leipzig, betrieb dort umfangreiche Studien und wollte die neuen Lehren selbst verstehen und ihre Unrichtigkeit beweisen – wurde aber letztlich von ihnen überzeugt. Georg begann Bücher zu sammeln und schuf sich so eine eigene Bibliothek. Von den einstmals etwa 2.000 Bänden, darunter viele Handschriften und Inkunabeln, liegen heute noch 453 Bände mit 1.710 gedruckten Titeln in Dessau in der Wissenschaftlichen Bibliothek der Anhaltischen Landesbücherei.

Fürstin Margarete von Münsterberg stirbt 1530 in Dessau. Bis zuletzt hat sie an ihrem katholischen Glauben festgehalten. Doch die fürstlichen Söhne, allen voran Georg, wenden sich allmählich den neuen reformatorischen Lehren zu. Der Kontakt mit Wittenberg wird aufgenommen, die Fürsten und die Wittenberger Reformatoren lernen sich auch persönlich kennen, besuchen einander. Im November 1532 hält Luther in Wörlitz den Brüdern und weiteren Fürsten eine Predigt und lässt sich auch von ihnen zu einer

Luther predigte vier Mal in der Marienkirche – das half der Reformation.

◄ Der Johannbau des ehemaligen Dessauer Stadtschlosses, im Hintergrund die Marienkirche

Kanzel der Marienkirche Dessau, gestiftet 1540, zerstört 1945

Jagd einladen. In einer Tischrede berichtet er davon, »wie die Fürsten so feine, geschickte Herren wären, gelehrt, züchtig mit Worten und Geberden, freundlich und schamhaftig wie Jungfrauen, in lateinischer Sprache wohl geübt und in der Bibel wohl bekannt, also daß sie darinnen weit überlegen wären allen Papisten.«

Auf Empfehlung Luthers hatten die Brüder im selben Jahr schon Nikolaus Hausmann aus Zwickau zu ihrem Hofprediger berufen. Dieser, dem engeren Kreis um Luther angehörend, machte sich alsbald in aller Stille und Behutsamkeit daran, der Reformation weiter den Boden zu bereiten. Unter Beibehaltung der alten Gottesdienstordnung predigte er über das Evangelium, ohne polemisch zu werden, gemeinsam mit einigen Priestern studierte er biblische Schriften. Widerstand gegen die Reformen kam noch von dem Magdeburger Erzbischof Kardinal Albrecht.

Doch am Gründonnerstag 1534, dem 2. April, wurde dann in der Dessauer Marienkirche erstmals das Abendmahl nach lutherischer Auffassung gefeiert. Benutzt wurde dabei ein großer Kelch aus dem ehemaligen Prämonstratenserkloster in Kölbigk. Er diente als Beleg für die schon vorreformatorische Kelchkommunion. Somit war der öffentliche Schritt hin zur Reformation vollzogen. Im Gegensatz zu Zerbst ist über das Verhalten und die Stimmung der Dessauer Bevölkerung wenig bekannt. Ein Satz aus einem Brief Fürst Joachims an Georg Helt, den Lehrer Georgs III., wirft ein wenig Licht ins Dunkel: »Viele waren erfreut, viele betrübt, viele entrüstet, viele gleichgültig.«

Nach diesem Schritt, sich öffentlich zu den neuen Lehren zu bekennen, sind den fürstlichen Brüdern doch noch einmal Bedenken gekommen. Anhalt war ja noch von einigen großen und mächtigen katholischen Ländern umgeben. In dieser Situation stand Luther den Brüdern seelsorgerlich zur Seite. In vielen Briefen suchte er die Brüder zu stärken und ihnen Mut zuzusprechen. Im Juli und August 1534 weilte Luther mehrere Wochen in Dessau, um die junge Dessauer Reformation zu stützen und zu stärken. Auch predigte er vier Mal in der Marienkirche. Das half. Die Fürsten, die Stadt Dessau wie auch das ganze Anhaltland blieben bei der Reformation.

Doch weiterhin wird in Dessau sehr vorsichtig vorgegangen. So werden im Gottesdienst neben den deutschen auch lateinische Gesänge beibehalten, die tägliche Frühmette und Vesper bleiben bestehen. Die Reliquien aus der katholischen Zeit werden feierlich bestattet. 1536 treten die Dessauer Fürsten dem Schmalkaldischen Bund bei, einem evangelischen Zusammenschluss. Im Jahre 1541 lassen sie gemeinsam mit Fürst Wolfgang einige hundert Exemplare der revidierten Wittenberger Bibelübersetzung drucken. Diese wird für die anhaltischen Fürstentümer für verbindlich erklärt. Mit dem Erlass einer Kirchenordnung 1545 findet die Reformation in Anhalt einen ersten, vorläufigen Abschluss.

Reformation heute

Auch wenn die Stadt Dessau im Zweiten Weltkrieg schwer zerstört wurde, so stößt man doch bis heute auf Spuren der Reformation. Vom ehemaligen Dessauer Stadtschloss ist der Johannbau erhalten, in der Anhaltischen Gemäldegalerie, dem Schloss Georgium, findet sich ein Schatz an Gemälden von Lucas Cranach, Vater und Sohn – und in der Wissenschaftlichen Bibliothek der Anhaltischen Landesbücherei wird die wertvolle Bibliothek von Fürst Georg III. aufbewahrt.

Festgottesdienst in der Kirche St. Johannis Dessau

Kirche St. Marien Dessau

Gänzlich fertiggestellt war die schon erwähnte Marienkirche 1554. Doch Kunstwerke aus vorreformatorischer und reformatorischer Zeit gingen im Feuersturm am 7.3.1945 unwiederbringlich verloren. Drei wertvolle Cranach-Gemälde waren zum Glück ausgelagert worden und kamen 1992 in die Johanniskirche. St. Marien war als Ruine lange Zeit abrissgefährdet, ein Wiederaufbau nach 1945 vorerst nicht möglich. Trotz der geschichtlichen Bedeutung der Kirche mussten Kirchengemeinde und Landeskirche 1983 auf ihr Eigentumsrecht verzichten, erhielten die Ruine jedoch nach der Wende wieder zurück. Ein Erbpachtvertrag zwischen der »Evangelischen Kirchengemeinde St. Johannis und St. Marien« und der Stadt Dessau vom 10.11.1992 setzte die Stadt in die Lage, die Kirche weitgehend originalgetreu wieder aufzubauen und für kulturelle Zwecke zu nutzen. Sie wurde 1998 als Veranstaltungsraum wieder in Dienst genommen.

Kirche St. Johannis Dessau

Die St.-Johannis-Kirche wurde als lutherische Kirche im reformierten Anhalt im Jahr 1702 geweiht, um den vielen zugezogenen Lutheranern eine eigene Heimstatt zu geben. Sie wurde im schlichten spätbarocken Stil mit klassizistischen Elementen nach Entwürfen des kurbrandenburgischen Baumeisters Martin Grünberg erbaut und erlebte in den Folgejahren mehrere bauliche Veränderungen (Orgeln, Innenausstattung, Turm). Bei Bombenangriffen im Zweiten Weltkrieg wurde sie 1944/45 zerstört und 1955 in schlichter Form wieder aufgebaut. Anfang der 90er Jahre folgte dann eine Grundsanierung. Die Johanniskirche beherbergt drei Tafelgemälde aus den Werkstätten der Cranachfamilie: Die Kreuzigung – Lucas Cranach d. Ä. (vor 1523), Jesus am Ölberg – Lucas Cranach d. J. (um 1561) und das Dessauer Abendmahl – Lucas Cranach d. J. (1565) mit den Köpfen der großen deutschen Reformatoren. ●

▸ **KONTAKT**

Kirchengemeinde St. Johannis und St. Marien Dessau
Johannisstraße 11, 06844 Dessau-Roßlau,
Telefon 0340/214975, Geertje.Perlberg@t-online.de,
www.johanniskirche-dessau.de

Kirche St. Marien Dessau
Kulturamt der Stadt Dessau-Roßlau,
Telefon 0340/2 04-2041, Telefax -2941,
kulturamt@dessau-rosslau.de, www.dessau-rosslau.de

Bekenntnis im Wandel

In Zerbst predigte Martin Luther bereits 1522

VON MATTHIAS PRASSE

Da steht sie und wartet: Katharina die Große, Zarin von Russland, geboren als Prinzessin des Fürstenhauses Anhalt-Zerbst. Die in Bronze gegossene Dame läutete einst das »Goldene Zeitalter« Russlands ein. Grund genug für den Bildhauer Michael Wladimirowitsch Perejaclawez, ihr ein 4,70 Meter großes Standbild zu widmen – von russischer Seite finanziert und 2010 den Einwohnern von Zerbst zum Geschenk gemacht. Ihren Platz hat sie an der barocken Stadthalle gefunden. Nun steht sie da und schaut hinüber zu den Resten des einstigen Residenzschlosses. Viel ist davon nicht mehr übrig. Zerbst war über Jahrhunderte hinweg die größte und wichtigste Stadt Anhalts. Und das nicht nur aufgrund des bis heute blühenden Anbaus von Gemüse oder des einst so berühmten Zerbster Bieres. Nein, die Stadt war auch Residenzort und geistlicher Mittelpunkt im Anhalt-Land.

Die Zarin zurücklassend geht man an der Schlossruine vorbei und hat nach wenigen Schritten die ehemalige Stifts- und Hofkirche St. Bartholomäi erreicht. Die Kirche wurde um 1300 zur Stiftskirche erhoben. Ob Gotik, Renaissance oder Barock, immer wieder wurde erweitert und modernisiert. Im Zweiten Weltkrieg ging St. Bartholomäi mit der restlichen Stadt in Flammen auf. Nach 1945 wurden wenigstens Querschiff und Chor restauriert, um den Kirchgängern wieder Raum zu bieten. Natürlich ging die mobile Ausstattung ebenso wie die Wandmalereien durch die schweren Kriegszerstörungen zum überwiegenden Teil verloren. Doch finden sich immer noch beeindruckende Reste steingewordener Architekturgeschichte. Wer genau hinschaut, entdeckt so unter anderem den Kopf eines Christophorus, eine Kreuzigungsgruppe, die Hochzeit zu Kana und das Martyrium Johannes des Täufers. Von den heute im Kircheninneren befindlichen Gemälden ist vor allem die Darstellung der Taufe Christi zu erwähnen. Lucas Cranach d. J. schuf das schöne Werk, das u. a. den Fürsten Wolfgang von Anhalt, die Lutherstadt Wittenberg und Wolfgangs Alterssitz Coswig (Anhalt) zeigt.

Folgt man der Stadtmauer nach Norden und überquert die viel befahrene Bundesstraße, trifft man auf das ehemalige Augustinereremiten-Kloster. Im heute als Seniorenheim genutzten Komplex predigte Luther schon im Mai 1522. Danach entwickelte sich ein reger Briefwechsel zwischen dem Rat und Luther zur Bestellung von Pfarrern, aber auch zu anderen Angelegenheiten. Drei Jahre nach Luthers erster Predigt lösten die Mönche ihr Kloster auf und zogen feierlich unter Gesang hinaus in die Welt.

Oben: Kirche St. Marien-Ankuhn in Zerbst

◀

Mitte: Kirchenruine St. Nicolai Zerbst

◀

Links: Statue von Katharina der Großen in Zerbst

Hält man sich an die nach Osten verlaufende Straße, ist bald der Marktplatz mit dem Roland erreicht. Hier erhebt sich die frühere Stadtkirche St. Nicolai, eine gewaltige, aus Backsteinen aufgetürmte Ruine. Die Errichtung dieses spätgotischen Hallenbaus war eine Aufgabe, die sich über mehrere Jahrzehnte erstreckte. Die Osthälfte galt 1447 unter dem Baumeister Hans Kumoller für vollendet, sein Sohn Mathias schuf erst 1484/88 die Westhälfte.

Etwa seit 1534 präsentierte sich St. Nicolai als dreitürmige Kirche, wobei sicher der Erfurter Dom als Vorlage diente. Auch St. Nicolai, bis dahin die größte Kirche Anhalts, wurde 1945 zerstört. Überaus bedeutend ist das wiederhergestellte Geläut der Nicolaikirche mit der »Gloriosa«, der größten Glocke Anhalts. Für eine Nutzung des ehemaligen Kirchenschiffs gab und gibt es immer wieder Ideen, eine endgültige Lösung ist aber noch nicht gefunden.

Anhalt war im Jahrhundert der Reformation schnell eindeutig lutherisch geprägt, trat 1606 jedoch geschlossen zur reformierten Konfession über. Das Fürstentum Anhalt-Zerbst kehrte 1644 als erstes zum lutherischen Bekenntnis zurück. Damit existierten in Anhalt beide evangelischen Konfessionen nebeneinander. Im 19. Jahrhundert bewegten sich Lutheraner und Reformierte aufeinander zu – ein Prozess, der zur sogenannten »Union« beider Konfessionen führte. Das Unionsdenkmal in der Zerbster Nicolaikirche erinnert daran.

Der St.-Nicolai-Kirche gegenüber liegt die Kirche St. Trinitatis. Ihr Bau (1682–1696) wurde durch den Zerbster Religionsvergleich (1679) zwischen Reformierten und Lutheranern möglich. Der Niederländer Cornelius Ryckwart und der Graubündener Giovanni Simonetti sind die Baumeister der Kirche. Der barocke Zentralbau erhebt sich auf dem Grundriss eines griechischen Kreuzes. Den Bombenangriff 1945 überstand lediglich der barocke Hochaltar schwer beschädigt. 1984 konnte die endgültige Restaurierung des Altares durch das Anbringen von zwei Bildern (Abendmahl / Kreuzigung) durch den Maler Michael Ehmig aus Magdeburg vollendet werden. So ist die alte Konzeption wieder sichtbar. Die vier Evangelisten – Matthäus und Markus auf den Seitentüren, Lukas und Johannes auf den Seiten des Baldachins – umrahmen die zentrale Aussage des neuen Testaments (Abendmahl – Kreuzigung – der auferstandene Christus).

Zerbst gehörte zu den ersten evangelischen Städten in Deutschland.

Vom Markt führt der Spaziergang durch die Brüderstraße zum ehemaligen Franziskaner-Kloster. Das Selbstbewusstsein von Rat und Bürgertum führte auch hier rasch zu Veränderungen. 1524 drangen Brauknechte – eine Macht in der damaligen Bierstadt Zerbst – in das Kloster ein und verbrannten Heiligenbilder und kirchliches Gerät. Innungen verweigerten die bisherigen Abgaben. Der Rat der Stadt erhielt als Folge wahre Drohbriefe von Kardinal Albrecht, dem Erzbischof von Magdeburg, der die »Einstellung aller unchristlichen Handlungen« forderte, aber an den geschaffenen Tatsachen in Zerbst änderte sich nichts. 1526 wurde der Klosterbetrieb endgültig eingestellt. Die leer gewordenen Räumlichkeiten dienten bald zu Schulzwecken. Von 1582 bis 1798, also über 200 Jahre, beherbergten die Klostermauern das »Gymnasium illustre«, die Anhaltische Landesuniversität.

Sie gehört zu jenen kleinen Universitäten, die im Zuge der religiösen Auseinandersetzungen nach der Reformation entstanden. Ziel war, zukünftige Beamte, Lehrer, vor allem aber die Theologen dem Einfluss der streng lutherisch geprägten Universitäten Wittenberg und Leipzig zu entziehen. Wenn man ein Gründungsdatum für die Evangelische Landeskirche Anhalts sucht, so könnte es bereits im Jahr 1578 zu finden sein: Ab da wurden alle angehenden anhaltischen Pfarrer nicht mehr in Wittenberg, sondern in Zerbst ordiniert.

Von einiger Bedeutung war in diesem Zusammenhang – Jahrzehnte zuvor – das Wirken Philipp Melanchthons (1497–1557), der in stetigem Kontakt zur Stadt Zerbst stand, Einfluss auf ihr Schulwesen nahm und in den Wirren des Schmalkaldischen Krieges 1546/47 hier Zuflucht fand.

Die Francisceums-Bibliothek ist die Zusammenfassung mehrerer Bibliotheken, die mit der Gründung des Gymasiums 1803 entstanden ist. Sie verfügt über einzigartige Bestände, die von mittelalterlichen Inkunabeln bis hin zur modernen Anhalt-

Literatur reichen. Teile der historischen Sammlung befinden sich in mittelalterlichen Räumen, die besichtigt werden können. Im Bereich des ehemaligen Kreuzgangs liegt auch das sehenswerte Stadtmuseum, das viel Wissenswertes über Anhalt vermittelt.

Der Weg geht nun weiter nach Süden: Nach der Überquerung der Bundesstraße verläuft der Spazierweg weiter entlang der Stadtmauer, um dann auf das Breite- oder Frauentor zu treffen. Das um 1470 errichtete Stadttor erhielt seinen Namen nach der Lage unmittelbar am Zisterzienserinnen-Kloster. Das Nonnenkloster, ursprünglich im Ankuhn, einer selbstständigen kleinen Vorstadt (bis 1850), wurde 1298 in die Stadt verlegt. Es ist das letzte Kloster, das nach einem verheerenden Brand von 1542 nicht wieder aufgebaut wurde und damit erlosch. Die nachfolgenden Gebäude auf dem Gelände des Klosters wurden später als Waisenhaus, Zuchthaus und zuletzt als allgemeinbildende Berufsschule genutzt.

Von der ehemals reichen Architektur der im Mittelalter blühenden Stadt Zerbst ist nur wenig überkommen. Fast 70 Jahre sind vergangen, aber ein Stadtspaziergang lässt die Wunden des Zweiten Weltkriegs immer noch erkennen. Vom »norddeutschen Rothenburg«, wie Zerbst einst genannt wurde, hat ein amerikanischer Luftangriff am 16. April 1945 kaum etwas übrig gelassen. Was man noch erleben und bestaunen kann, ist Schatz und große Aufgabe zugleich. ●

▸ **MATTHIAS PRASSE**
ist Historiker, Journalist und Buchautor
in Coswig (Anhalt) und Dresden.

▸ **KONTAKT**

Touristinformation
Markt 11, Telefon 03923 / 760178,
zentrale@touristinfo-zerbst.de

Pfarramt Zerbst St. Bartholomäi
Schloßfreiheit 3, 39261 Zerbst / Anhalt,
Telefon: 03923 / 785966, Telefax: 03923 / 785966,
st.bartholo.zerbst@web.de

Pfarramt Zerbst St. Nicolai und St. Trinitatis
Rennstraße 7/9, 39261 Zerbst / Anhalt,
Telefon: 03923 / 3291 oder 03923 / 486780,
Telefax: 03923 / 3291,
nicolai-trinitatis@kirche-zerbst.de

◂ Links oben: Kirche St. Trinitatis Zerbst

◂ Mitte oben: Anhaltischer Kirchentag 2006 in Zerbst

▴ Oben: Francisceum und Stadtmuseum Zerbst

»Er hat mir das Herz abgewonnen«

Lutheraner, Reformierte und Johann Sebastian Bach in Köthen

VON CHRISTIAN RATZEL

Nicht wenigen Historikern ist es schon passiert, dass als erste Querverbindung von Reformation und Köthen die Anekdote auftaucht, wonach der große Reformator Melanchthon sich mit der Herkunft des Namens der Stadt auseinandersetzte. Ausgehend von der geographischen Situation vor Ort war er überzeugt, dass das Wort Köthen von Kessel käme – ein Irrtum, wie man heute weiß, gehen doch die meisten Forscher vom slawischen Eigennamen Chote als Paten aus. Wandert man durch die Geschichte der fast 900-jährigen Stadt, deren Silhouette so eindrucksvoll von den Zwillingstürmen der Jakobskirche geprägt wird, kommt man an den Kirchen und ihren Gemeinden als wesentliche Gestalter und prägendes Element überhaupt nicht vorbei.

Der heutige Kirchenbau der bereits erwähnten Jakobskirche ist im 15. Jahrhundert anstelle einer romanischen Basilika im spätgotischen Stil gebaut worden. Eindrucksvoll muss sie auch schon mit dem ersten Turm gewesen sein, welcher keine 100 Jahre nach Vollendung bereits wieder einstürzte und das Gotteshaus damit fast 300 Jahre ohne Türme beließ. Von dieser Kirche aus wurde der »bannus Kotensis«, der Kirchenbann Köthen, verwaltet. Dem Dompropst zu Magdeburg unterstehend, verrichtete das Archidiakonat die praktische Arbeit im Kirchenkreis, welcher ein großes Gebiet bis nach Dessau und in den heutigen Bernburger Raum umfasste, ja sogar das nicht im Anhaltischen gelegene Aken.

Betrachtet man die Reformation, so ist diese Zeit für Köthen untrennbar mit einem Namen verbunden: dem des Fürsten Wolfgang von Anhalt-Köthen. 1492 auf der damaligen Wasserburg Köthen geboren, wurde er mit großer Sorgfalt ausgebildet. Seine Pläne für ein Kloster in Köthen konnte der zutiefst religiöse und sogar zum geistlichen Stand neigende Regent aus Geldmangel nicht umsetzen, aber eine Begegnung ließ den als Kammerherr unter anderem am kursächsischen Hof arbeitenden Wolfgang ohnehin radikal umdenken. Denn 1521 wohnte er dem Reichstag in Worms bei, vernahm die tapfere Weigerung Luthers, gegen sein Gewissen seine Lehren zu widerrufen und war zutiefst beeindruckt von der Begegnung mit ihm. »Er hat mir das Herz abgewonnen!«, so Wolfgang anschließend. Und so verwundert es auch nicht, wenn er schon kurz danach in Köthen als erstem Land nach Wittenberg die Reformation einführte. Immer wieder wird erwähnt, dass die Köthener Bevölkerung hinter dem Fürsten stand und die Änderungen mittrug (► S. 32).

Schon 1527 ist in der »Willkür der alten Stadt Cöthen« festgeschrieben, dass Gottes Wort und heiliges Evangelium von den Pfarrern und Predigern »ohne alle Menschliche tratition den Leuthen fürgetragen werden« solle. Der Gottesdienst war nach Wittenberger Vorbild gestaltet, der Fürst wurde hier von seinem Hofprediger Gerike und dem von ihm berufenen Oberpfarrer Schlaginhaufen tatkräftig unterstützt – natürlich auch durch den in Freundschaft verbundenen Martin Luther selbst. Folgt

Das Bachdenkmal in Köthen

◄ Blick von St. Jakob auf das Rathaus und die Stadt Köthen

Kirche St. Agnus Köthen

man den Unterlagen, so ging die Reformation in Köthen ohne große »Knalleffekte« vonstatten. An der Einrichtung der Kirche selbst wurde nicht viel verändert, das Abendmahl in beiderlei Gestalt gereicht, die Bibel und der Katechismus nach Luther eingeführt und die Ehelosigkeit der Geistlichen, wie Hartung schreibt, »stillschweigend abgeschafft«. Niemand störte sich daran, dass das Lesen der Messe, der lateinische Gesang und andere »katholische Eigentümlichkeiten« beibehalten wurden. Der erwähnte Oberpfarrer wurde dann gleichzeitig auch Superintendent mit teilweise bischöflicher Gewalt, nur dass diese jetzt im Namen des Landesherren ausgeübt wurde. Auch Wolfgang trieb Visitationen voran, wobei dies der Kirche zugute kam, denn beispielsweise die enteigneten Güter des Kaland fielen ihr anheim.

Aber so ruhig blieb es nicht, denn in den folgenden Jahrzehnten wich man unter der gesamtanhaltischen Regentschaft Joachim Ernsts mehr und mehr vom Weg des schärfsten lutherischen Lehrbegriffs ab und schlug schließlich unter dem Sohn und Nachfolger Johann Georg den Weg zur reformierten Konfession ein. Johann Georg ließ den Exorzismus bei der Taufe abschaffen, führte ein neues »Taufbüchlein« ein, wandte sich 1595 endgültig der reformierten Lehre zu und untersagte das lutherische Bekenntnis. So wurden dann auch in Köthen am Gründonnerstag auf Befehl des Fürsten die Tafeln in der Kirche abgeschafft, im Juli die Lichter bei der Kommunion, im August die lateinischen Choralgesänge und schließlich die Bildwerke und Altäre selbst. An deren Stelle diente nun ein länglicher hölzerner Tisch, mit Tuch bespannt, als Ersatz. Die Anweisungen aus der Dessauer Residenz stießen allerdings bei den Köthenern auf wenig Gegenliebe, die Bürgerschaft und auch der Rat folgten nur widerwillig und versuchten, möglichst viel vom Luthertum zu bewahren. Vielleicht dachte man, der Fürst bekomme dies nicht mit, allerdings folgten alsbald mehrere geharnischte Ermahnungen, alles Bildwerk zu zerstören und auch sonst dafür zu sorgen, »damit also alle Uhrsachen des Aberglaubens und Bäpstischen Antichristischen grewels vermieden bleiben.«

Besonders in den ländlichen Kirchgemeinden ist es dem Herrscherhaus nie gelungen, das reformierte Bekenntnis voll und ganz durchzusetzen, wie sich bald zeigen sollte.

Denn als sich im ausgehenden 17. Jahrhundert der Köthener Fürst verliebte, sollte dies konfessionell drastische Folgen nach sich ziehen: Emanuel Leberecht hatte sich ausgerechnet Gisela Agnes von Rath zur Gemahlin erkoren, landadelig und noch dazu lutherisch. Eine klassische Mesalliance also und es bedurfte nervenaufreibender Verhandlungen mit den aufgebrachten fürstlichen Vettern, namentlich in Dessau und Bernburg, sowie dem Kaiser, die Heirat gerade im Hinblick auf die Erbberechtigung der Kinder zu legitimieren. Für die immer noch zahlreich in Köthen vorhandenen

Die Jakobskirche auf dem Marktplatz der Stadt Köthen

Lutheraner bedeutete die Heirat, dass sie sich durch einen Erlass des Fürsten endlich wieder zum Gottesdienst versammeln durften. Schon 1699 ist die Agnuskirche in der Stiftstraße fertiggestellt und in der Folgezeit der Bestand der Gemeinde durch die energische Fürstin gesichert. Und für die Geschichte ist es gut, dass es die Kirche St. Agnus gab, die übrigens von den meisten Köthenern bis heute der Fürstin zu Ehren Agneskirche genannt wird. Denn ohne eine lutherische Gemeinde hätte der orthodoxe Lutheraner Johann Sebastian Bach keinen Fuß nach Köthen hinein gesetzt.

1717–1723 wirkte Bach hier als Hofkapellmeister des Fürsten Leopold, verbrachte weitgehend glückliche Jahre, schuf zentrale Instrumentalwerke und ging natürlich in St. Agnus zum Gottesdienst. Mit den Köthener Bachfesttagen hat sich in Köthen schon seit Jahrzehnten ein herausragendes Festival zu Ehren des Genius loci etabliert, der Bachchor der Jakobsgemeinde pflegt die Tradition ebenfalls.

Der mit viel Finesse ausgetragene Streit der Reformierten und der Lutheraner hingegen ist heute Geschichte, die unierten Gemeinden arbeiten aufs Engste zusammen, 1914 wurde mit der nach dem Reformator benannten Martinskirche sogar noch eine dritte evangelische Gemeinde begründet, die sehr zum Bedauern der Mitglieder nur einige Jahrzehnte Bestand hatte.

Kirchengeschichte ist heute in Köthen an allen Ecken und Enden zu sehen und zu erleben. Und sie wird weiter fortgeschrieben mit leidenschaftlicher Arbeit in den Gemeinden. Und auch für auswärtige Besucher lohnt sich die Reise, egal ob etwa auf einer Führung in den restaurierten Kirchen oder beim stillen Gebet. ●

▸ **CHRISTIAN RATZEL**
ist Pressesprecher der »Köthen Kultur & Marketing GmbH« und Stadtführer in Köthen.

▸ **KONTAKT**

Pfarramt Köthen St. Jakob
Hallesche Straße 15a, 06366 Köthen,
Telefon 03496 / 214157, Telefax 03496 / 214147,
st.jakob-koethen@gmx.de,
www.jakobskirche-koethen.de

Pfarramt Köthen St. Agnus
Stiftstraße 11, 06366 Köthen, Telefon 03496 / 212084,
Telefax 03496 / 405680, st.agnus.koethen@gmx.de

Köthen-Information
Schlossplatz 4, Telefon 03496 / 70099260,
Telefax 03496 / 7009929, info@bachstadt-koethen.de,
www.bachstadt-koethen.de

Die Krone Anhalts

Schloss und Kirchen erzählen von der Geschichte der Reformation in Bernburg

VON MATTHIAS PRASSE

Die Krone Anhalts nennt man Bernburg stolz, ein Ausspruch, der sich auf die städtebaulich herausragende Lage der Burg- und Schlossanlage bezieht. Die heutige Stadt Bernburg entstand durch den Zusammenschluss dreier selbstständiger Gemeinden an einem Saaleübergang der Straße von Magdeburg nach Halle. Alle lagen ursprünglich rechts der Saale und damit im Erzbistum Magdeburg, während Waldau, heute Ortsteil von Bernburg, als ehemalig links der Saale liegend zum Bistum Halberstadt zählte. Erst die Vertiefung oder Neuschaffung eines Saalearmes führte schon vor 1219 zur Trennung der talstädtischen Ortschaften Neustadt und Altstadt von der noch heute rechtssaalischen Bergstadt.

Im Laufe der letzten 800 Jahre hat die Burg- und Schlossanlage immer wieder ihr Gesicht verändert. Auch von der einstigen Burgkapelle sind nur wenige Spuren erhalten. Sie war St. Pancratius geweiht, einem der Lieblingsheiligen des Fürstenhauses Anhalt.

Am Rand des Burgbezirks lag seit dem 12. Jahrhundert eine romanische Basilika, deren Vierung, Chor und Apsis bis heute erhalten sind (seit 1625 Gruftkapelle mit Prunksärgen der bernburgischen Fürsten), jedoch durch die Errichtung eines neuen Kirchenschiffes 1752 vom Gottesdienstraum abgetrennt wurden. Die Gestalt dieses barocken Kirchenraums entsprach ganz der Auffassung des mit Christian I. zur reformierten Kirche übergetretenen Fürstenhauses: ohne Altarraum, mit umlaufenden, bis an die Decke reichenden Emporen, an der Ostwand der »Fürstenstuhl« und ein überdimensioniertes Wappen. Im September 1820 eröffnete Friedrich Adolf Krummacher hier im Auftrag des Herzogs Alexius jene Synode, die zur ersten Union der lutherischen und der reformierten Kirche in Anhalt führte. Ende des 19. Jahrhunderts wurde der Kirchenraum im Zuge einer Rückbesinnung auf die lutherische Tradition in einen neugotischen umgestaltet (Altarraum anstelle des Fürstenstuhles, Verminderung der Emporen).

Wer hinunter in die Talstadt läuft, trifft nach dem Überqueren der Saalebrücke recht bald auf die imposante Marienkirche. Sie ist die Pfarrkirche der Evangelischen Talstadtgemeinde.

Der Chor der Marienkirche zählt zu den prachtvollsten gotischen Bauten des Landes. Ludwig Grote, bis 1933 Landeskonservator von Anhalt, beschrieb den Chor als »wundervolle Feinarbeit der späten Gotik, bei der der harte Stein wie weiches Material gesponnen« wurde. Tatsächlich zeichnet sich der Bau durch herausragende Schönheit und Feinteiligkeit aus.

◀ Blick auf die Stadt Bernburg

Die Marienkirche Bernburg

Zur Zeit der Reformation war die fürstliche Herrschaft in Bernburg geteilt. Drei junge Fürsten waren es, auf die das Erbe fiel. Der älteste, Wolfgang von Anhalt, sollte als »der Bekenner« in die Landesgeschichte eingehen. Luther habe ihm das Herz abgerungen, ließ Wolfgang die fürstliche Verwandtschaft wissen. Er wurde für ganz Anhalt zum Vorreiter im reformatorischen Denken und Handeln (▸ S. 32; ▸ S. 52).

Im Frühjahr 1526 wurde das Abendmahl in St. Marien erstmals in neuer Form gefeiert. Doch damit waren nicht alle alten Zöpfe abgeschnitten. Eine ganze Weile lebte Altes neben Neuem. Im Folgejahr wurden evangelische Antworten, die die Sakramente betrafen, an den Kirchentüren öffentlich angeschlagen. Ein Priester machte es Luther gleich und heiratete. Irgendwann mussten die Nebenaltäre mit ihren reich verzierten Reliquienschreinen weichen. Doch schaffte man noch 1529 neue Chorhemden an und schwenkte selbst 1553 den Weihrauch durch die Kirche. Es war ein langsames Gehen und Kommen. Der Allerheiligen-Hochaltar blieb stehen und wurde erst mit der Einführung des reformierten Bekenntnisses 1596 abgebrochen. Zeitweise wurden dann sogar die Orgel und andere Dinge aus der Kirche entfernt, was auf Dauer aber nicht so blieb.

Alle wesentlichen Teile der Innenausstattung stammen aus dem späten 19. Jahrhundert. Ein besonderer Schmuck der Kirche sind die 1864 eingesetzten farbigen Fenster im Chor.

Konzert in der Schlosskirche Bernburg

Christi Geburt und die Hirten voll anbetender Bewunderung sind links vom Altar zu erkennen, darunter die heiligen drei Könige. Das Mittelfenster zeigt Christus am Kreuz, zu seinen Füßen Maria und Johannes, unter ihnen drei Prophetengestalten des Alten Testaments. Rechts vom Altar schließlich ist Christi Auferstehung dargestellt. Als Jesus aus der Tür des Grabes hervorgeht, sinken die Wächter erschrocken zu Boden. Darunter sind die Evangelisten Markus, Lukas und Matthäus dargestellt.

Westlich der Breiten Straße liegt das ehemalige Kloster der Marienknechte. 1308 erstmals erwähnt, wurde es wohl nur wenig früher gegründet. Der Orden der Marienknechte, auch Serviten genannt, lebte nach der Regel der Augustiner. Wie bei diesen waren Talar, Schulterumhang, Kapuze und Mantel schwarz. Die Marienknechte widmeten sich den Ärmsten der Bevölkerung und predigten zu allen auf Deutsch.

Nach der örtlichen Überlieferung flüchteten die Mönche 1525 während des Bauernkrieges. Um 1527 wurde das Kloster säkularisiert und gemeinsam mit dem Heilig-Geist-Hospital bis 1535 in ein evangelisches Hospital umgewidmet. Im Refektorium, dem Speisesaal der Mönche, gab es nun Speisen für Bedürftige. Das Gestühl aus der Klosterkirche hatte man da längst in die Marienkirche überführt, wo man den langen evangelischen Predigten lieber sitzend als stehend lauschte.

Nicht alle hatten bei der Säkularisierung ein gutes Gefühl: Bei einem Gottesdienst am 14. März 1551 wollten Altgläubige den Gekreuzigten schweißgebadet gesehen haben. Fürst Wolfgang erklärt es nüchtern mit Kondenswasserbildung.

Im Dreißigjährigen Krieg werden die alten Klostergebäude weitgehend zerstört und später zu Wohnzwecken ausgebaut. So lässt sich die frühere Bestimmung heute nur schwer auf den ersten Blick erahnen. Von der Klosterkirche stehen gerade einmal noch die Umfassungsmauern aus der ersten Hälfte des 14. Jahrhunderts. Von der einstigen sakralen Ausstattung ist nichts überkommen, einzig an der Südwand finden sich Reste der steinernen Kanzel. Stimmungsvoll wirkt dagegen der Kreuzgang des Klosters, der bis auf den Nordflügel gut erhalten ist. Seit Mitte der 1990er Jahre beherbergt die Anlage Teile der Hochschule Anhalt (FH). Das jährliche Klosterfest und die Klosterweihnacht zählen zu den Höhepunkten unter den Bernburger Kulturveranstaltungen.

Nur wenige Schritte nordwärts trifft man auf einen weiteren bedeutenden Kirchenbau innerhalb der Stadt: St. Nikolai. Die ehemalige Pfarrkirche der Neustadt wurde ursprünglich als flachgedeckte Basilika errichtet. Vom doppeltürmig geplanten Westbau wurde nur der Südturm hochgezogen, der nördliche nie fertiggestellt. Der Titelheilige der Kirche, der heilige Bischof Nikolaus von Myra, Schutzpatron aller Kaufleute, ist übrigens in einem Relief der Nordwand zu erkennen. Zu den bemerkenswerten Ausstattungsgegenständen zählen der achteckige Taufstein aus der Spätgotik und eine um 1500 gefertigte Holzskulptur des Johannes Baptist. Der Kirchenbau ist seit 1965 an die Bernburger katholische Gemeinde St. Bonifatius verpachtet.

Weitere wichtige Kirchengebäude in Bernburg sind die romanische Kirche im Stadtteil Waldau und die zentral gelegene (nach Martin Luther benannte) Martinskirche aus dem 19. Jahrhundert. Letztere bildet ein Ensemble mit dem Evangelischen Martinszentrum, das in und um die Kirche herum die Evangelische Grundschule Bernburg mit Hort sowie den Evangelischen Kindergarten beherbergt. Zugleich dient die Kirche auch der Gemeindearbeit. Die Kombination von Kirche, Schule und Kindergarten dürfte bundesweit einzigartig sein. ●

▶ **KONTAKT**

Pfarramt Bernburg Schlosskirche
Schlossstraße 7, 06406 Bernburg, Telefon 03471 / 625100,
Telefax 03471 / 370635, schlosskirche@bernburg-evangelisch.de,
www.schlosskirche-online.de

Pfarramt Bernburg Talstadtgemeinde
Breite Straße 81, 06406 Bernburg, Telefon 03471 / 353613,
Telefax 03471 / 353681, mariengemeinde@bernburg-evangelisch.de,
www.bernburger-marienkirche.de

Museum Schloss Bernburg
Schlossstrasse 24, 06406 Bernburg, Telefon 03471 / 625007,
Telefax 03471 / 3009450, www.museumschlossbernburg.de

Stadtinformation Bernburg
Lindenplatz 9, 06406 Bernburg (Saale), Mo–Fr 09:00–18:00 Uhr,
Sa 09:00–14:00 Uhr, Telefon: 03471 / 3469311,
stadtinfo@bernburger-freizeit.de, www.bernburger-freizeit.de

Ballenstedt – die Wiege Anhalts

Im Harzstädtchen liegt der anhaltische »Übervater« Albrecht der Bär begraben

VON MATTHIAS PRASSE

Das Schloss Ballenstedt

Im kleinen Harzstädtchen Ballenstedt steht die Wiege Anhalts. Natürlich keine wirkliche Wiege mit Bettchen und Kissen, sondern nur eine symbolische. Grafen von Ballenstedt nannten sich schließlich jene ersten Vertreter eines Ostharzer Adelsgeschlechtes, das als Haus Anhalt-Askanien später zu Macht und Ruhm gelangen sollte.

Ländlich-beschaulich geht es hier am Harzrand zu. Gut so, vielleicht hätten sich sonst weniger Spuren der Geschichte erhalten. Wer durch die Stadt schlendert, findet irgendwann zwangsläufig die Stadtkirche St. Nicolai. Recht klein ist sie und dem heiligen Bischof Nikolaus geweiht.

Verbunden mit der Kirche ist der Name Johann Arndt (1555–1621). Der lutherische Theologe war hier für kurze Zeit Hilfspfarrer, bevor er ins nahe Badeborn ging. Arndt wurde zu einer Zeit Geistlicher, als verschiedene theologische Bewegungen die Menschen hin und her rissen. So waren nach Luthers Tod 1546 schon allein dessen Anhänger in zwei Lager gespalten. Während die einen den milden Ansichten Melanchthons folgten, denen zufolge im protestantischen Gottesdienst gewisse liturgische Praktiken der katholischen Kirche beibehalten werden sollten, lehnten andere dies strikt ab. Die sogenannte Konkordienformel sollte 1577 die Zerwürfnisse beilegen. 8.000 bis 9.000 lutherische Theologen erkannten sie auch tatsächlich durch ihre Unterschrift an. »Schreibt, lieber Herre, schreibt, dass ihr in der Pfarre bleibt«, hieß es damals. In Anhalt wurde diese Bekenntnisschrift jedoch nicht angenommen, war doch Fürst Joachim Ernst schon auf dem Weg, eine zweite Reformation ins Land zu holen.

Die nun folgende Einführung des reformierten Glaubens nach Calvin stieß in Anhalt zunächst auf großen Widerstand. Johann Arndt war einer der führende Köpfe im Einsatz für die Beibehaltung des Luthertums. Letztendlich wurde er deshalb 1590 aus dem anhaltischen Pfarrdienst entlassen.

Unterdessen führt eine prachtvolle Allee aus der Ballenstedter Altstadt hoch hinaus. An ihrem Ende thront das einstige Residenzschloss, davor gelegen das historische Schlosstheater. Seit 1765 war Ballenstedt ständige Residenz der Fürsten und späteren Herzöge von Anhalt-Bernburg. Dazu brauchte man ein prächtiges Schloss. Und dazu noch einen schönen Schlosspark, den Ballenstedt natürlich zu bieten hat. Peter Joseph Lenné, der königlich preußische Gartenbaudirektor höchstselbst, hat hier seine grünen Spuren hinterlassen.

Ein wenig kurios mutet nur der Schlossturm an, der sich nach kurzer Orientierung aber als Rest eines ehemaligen Kirchturms entpuppt – genauer gesagt eines Klosterkirchenturms. Denn seit etwa 1043 stand hier oben ein Kollegiatstift, das man im 12. Jahrhundert in ein Benediktiner-Kloster umwandelte. 1486 suchten die Mönche den Anschluss an die Bursfelder Reform, gleichzeitig erfolgten bauliche Instandsetzungen der damals wohl heruntergekommenen Anlage. Im Bauernkrieg 1525 in Mitleidenschaft gezogen, wird das Kloster nur wenig später säkularisiert. Die Baulichkeiten dienten jetzt den Fürsten von Anhalt zu Wohnzwecken. Über gut zwei Jahrhunderte wurde die Anlage schrittweise und immer wieder für die neuen Erfordernisse umgebaut. In einem Teil der ehemaligen Krypta befindet sich heute das Grab des legendären Übervaters des Hauses Anhalt-Askanien, hier liegen die Gebeine von Albrecht dem Bären.

In Ballenstedt wirkte auch der Pietist Johann Arndt für kurze Zeit.

Weit schweift der Blick aus den Fenstern. Die Verbindung von Residenzort und angenehmer Landschaft sorgte im 19. Jahrhundert für eine kulturelle Blüte, die viele Künstler nach Ballenstedt zog. Liszt, Lortzing, Friedrich, Bardua und Kügelgen sind einige Künstlernamen jener Zeit. ●

▲ Rechts oben: Entspannen im Schloss Ballenstedt

▲ Oben: Kirche St. Nicolai Ballenstedt

▶ **KONTAKT**

Tourist-Information Ballenstedt
Anhaltiner Platz 11, 06493 Ballenstedt,
Telefon 039483 / 263, Telefax 039483 / 97110,
kontakt@ballenstedt-information.de,
www.ballenstedt-information.de

Pfarramt Ballenstedt St. Nicolai
Mühlstraße 14, 06493 Ballenstedt,
Telefon 039483 / 291, Telefax 039483 / 83524,
ev-pfarramt-ballenstedt@t-online.de

Die Einführung der Reformation in Gernrode

Nicht nur die Stiftskirche des Harzortes ist bemerkenswert

VON SANDY FIEDLER

Malereien an der Westapsis der Stiftskirche Gernrode

Wenn man den anhaltischen Teil des Ostharzes besucht, kommt man nicht umhin, eine der ältesten romanischen Kirchen Europas zu besuchen, die Stiftskirche St. Cyriakus zu Gernrode, das Erbe von Gero, dem Markgrafen der sächsischen Ostmark (937–965). Stolz und erhaben grüßen die Kirchtürme jeden Besucher und Durchreisenden und laden seit Jahrhunderten ein, die Ruhe und Stille in der hohen Säulenhalle der Kirche in sich aufzunehmen. Neben ihrer stattlichen Erscheinung birgt die Kirche mit ihren kunsthistorischen Besonderheiten, wie den geheimnisvollen Säulenkapitellen und der farbenfrohen, symbolträchtigen Ausmalung, noch etwas Besonderes in sich: In ihr befinden sich die älteste Krypta der Romanik und die älteste Nachbildung des Grabes Christi nördlich der Alpen.

Doch Gernrode mit seiner Stiftskirche war und ist auch ein wichtiger Ort reformatorischen Lebens in Anhalt. Die Reformation hielt hier sehr früh Einzug, besonders unter dem Einfluss der Äbtissin Elisabeth von Weida (1504–1532), die sich intensiv mit den lutherischen Schriften auseinandersetzte. In Gesprächen mit dem Gernröder Kanoniker und späteren evangelischen Superintendenten Stephan Molitor (um 1504 bis nach 1576) tauschte sie sich über Luthers Reden und dessen theologische Gedanken aus. Molitor erarbeitete 1523 in ihrem Auftrag einen Reformvorschlag, der u.a. die Lesung des Evangeliums sowie die Vesper auf Deutsch sowie die Abschaffung des Heiligenkults enthielt. Während Elisabeth von Weida die Reform unterstützte, sperrte sich indes ein großer Teil des Kapitels. Doch der Einfluss Molitors auf das Stift und dessen Bildungsniveau blieb immens. Auf seine Initiative hin gab die Äbtissin 1523 den Bau einer Schule in Auftrag, die sich ab 1533 nachweisen lässt. Äbtissin Anna von Kittlitz (1548–1558) vergrößerte 1554 die Bildungseinrichtung. Die Stiftsschule bestand in dieser Form bis ins 19. Jahrhundert. Auch die Bibliothek entstand zur Zeit der Reformation und enthielt neben theologischen Schriften auch Werke antiker Autoren. Weiterhin befanden sich dort sechs Bände reformatorischer Schriften sowie ein Exemplar des Sachsenspiegels von Eike von Repgow.

Am 6. November 1527 berichtete ein Anwaltsschreiben der anhaltischen Fürsten an das Reichskammergericht, dass die Äbtissin bereits seit zwei Jahren der lutherischen Religion und Lehre angehöre. Dennoch sind bis Mitte des 16. Jahrhunderts noch Teile der katholischen Liturgie in Gernrode nachweisbar. Ab den 1520er Jahren wurden die ersten Priesterehen in dem Harzort geschlossen. Nach dem Tod Elisabeths von Weida wurde die Reformation fortgeführt und die Stiftskirche 1533 zur allgemeinen Pfarrkirche erhoben. Die Kanonissen wurden in die Pfarrgemeinde einbezogen wurden. Die herausragende regionale Bedeutung des Stifts als Grün-

Cyriakushaus und Stiftskirche St. Cyriakus Gernrode

dung durch den Markgrafen, verbunden mit der Erhebung zur reichsunmittelbaren Stiftung, ging mit Vollendung der Reformation in Gernrode verloren.

Mit der neuen Selbstständigkeit des Stifts wurde die Äbtissin abhängig vom Kirchenregiment der anhaltischen Fürsten, die inzwischen ebenfalls zur Reformation hielten. Das Recht der Äbtissin auf Besetzung der Pfarrstellen blieb zwar zunächst erhalten, doch ab 1541 musste sie das Aufsichtsrecht von Fürst Georg III. von Anhalt (1530–1553) auf sein Verlangen hin anerkennen. Im Jahr 1545 fand im Stiftsbereich auf Veranlassung des Fürsten unter Teilnahme eines fürstlichen Vertreters die erste Kirchenvisitation statt. Schließlich erhob Fürst Joachim Ernst von Anhalt (1551–1586) 1571 erstmals Einspruch bei der Besetzung der Pfarrstellen Gernrode und Badeborn, da ihn die Äbtissin bei der Entscheidung nicht einbezogen hatte. Damit war ihr Einfluss endgültig gebrochen und das Ende des institutionellen Lebens im Stift gekommen. Gernrode gehört zu den ersten Orten Anhalts, in denen die Reformation umgesetzt wurde.

Neben der Stiftskirche St. Cyriakus, wo heute alljährlich das frühmorgendliche traditionelle Osterspiel hunderte Besucher anzieht, befindet sich das Cyriakushaus, das Tagungshaus der Evangelischen Landeskirche Anhalts. ●

▸ **SANDY FIEDLER**
ist Vikarin der Evangelischen Landeskirche Anhalts.

▸ **KONTAKT**

Kirchengemeinde St. Cyriakus Gernrode
Burgstraße 3, 06507 Quedlinburg OT Gernrode,
Telefon 039485 / 275, Telefax 64023,
sanktcyriakus@gmx.de

Cyriakushaus Gernrode
Kirchplatz 1a, 06507 Gernrode,
Telefon 039485 / 60826, Telefax 039485 / 95082,
www.cyriakushaus-gernrode.de,
info@cyriakushaus-gernrode.de

Für die Wahrheit in der Welt

Ein Kleinod ist die romanische Stiftskirche in Frose – auch Thomas Müntzer wirkte hier

VON MATTHIAS PRASSE

Es ist schon ein besonderer Ort, dieses Frose. Besucher sind nicht selten gebannt, ja gefangen von einer Aura aus Spiritualität und außergewöhnlicher Lage. Auf einer Anhöhe oberhalb des Ortes thront die ehemalige Klosterkirche St. Cyriakus, weit strahlt sie die Botschaft des Christentums ins Land. Nicht wenige vermuten an gleicher Stelle eine heidnische Kultstätte, deren Platz im Zuge der Christianisierung überbaut wurde.

Es war die erste Klostergründung im späteren Anhalt, als Markgraf Gero kurz vor 950 den Benediktinern hier einen Platz zur Ansiedlung bot. Dem Lieblingsheiligen des Stifters, dem Heiligen Cyriakus gewidmet, sollte Frose wohl Familienkloster und Grablege der Gero-Sippe werden. Doch als nur wenige Jahre später Geros Söhne vor dem Vater starben, wurde Frose in ein Kanonissenstift umgewandelt und dem Stift Gernrode unterstellt. Zwölf Stiftsdamen aus dem niederen Adel der Region lebten hier fortan. Pröpstin und Dekanin wurden von Gernrode bestimmt. Der Gottesdienst wurde von Kanonikern geleitet, die aber keinen eigenen Konvent bildeten. Die Stiftsdamen selbst lebten in sogenannten Kurien, einzelnen Gebäuden, die um die Kirche herum lagen. Deshalb scheint es zur Ausbildung einer abgeschlossenen Klausur, eines nur den Stiftsangehörigen zugängigen Bereichs, nie gekommen zu sein.

Ausgrabungen legen nahe, dass der Gründungsbau ähnlich dem der Gernröder Stiftskirche war. Der heutige Kirchenbau wurde erst um 1170 als kreuzförmige Basilika errichtet.

Zur Mitte des 15. Jahrhunderts verschlechterte sich die ökonomische Situation dauerhaft. 1511 verließen deshalb die beiden letzten Stiftsdamen den Ort. Erst vier Jahre später kehrte wieder Leben in die alten Mauern ein.

Eine Tafel erinnert in Frose an Thomas Müntzer

Es war der bald so bekannte Theologe Thomas Müntzer, der hier eine Knabenschule einrichtete, den Ort aber 1517 wieder verließ. In den Folgejahren wurde er zunächst zum begeisterten Anhänger Luthers. Doch Müntzer hatte einen scharfen Blick für die sozialen Probleme seiner Tage.

Deshalb richteten sich seine kämpferischen Predigten und Texte nicht nur gegen die vom Papsttum beherrschte geistliche Obrigkeit, sondern auch gegen die weltlichen Herren. Sie ließen den Theologen Müntzer zum führenden Sozialrevolutionär seiner Zeit werden. Immer wieder geriet Müntzer in Konflikte mit geistlicher und weltlicher Obrigkeit. Seinen letzten Lohn im sächsischen Zwickau quittierte er stolz mit »Thomas Müntzer, qui pro veritate militat in mundo« (»Thomas Müntzer, der für die Wahrheit in der Welt kämpft«). Im Bauernkrieg 1525 wurde Müntzer zur Leitfigur der Aufständischen. Nach der Schlacht bei Frankenhausen nahm man den Kirchenreformer gefangen, folterte und enthauptete ihn schließlich. Eine Tafel erinnert in Frose an Müntzers Aufenthalt.

Mit dem Niedergang des Gernröder Stiftes wurde auch Frose an der Wende zum 17. Jahrhundert säkularisiert. Die Gebäude von Kloster und Stift sind heute weitgehend verschwunden. Die Klosterkirche vermittelt aber gut, wie eine typische Basilika der Spätromanik ausgesehen hat, etwa durch den markanten sächsischen Stützenwechsel im Langhaus: Immer folgen zwei Pfeiler und eine Säule aufeinander. Damit ergibt sich regelmäßig die Zahl von vier Pfeilern und zwölf Säulen, was für die Christen des Mittelalters von symbolischer Bedeutung war: Vier Pfeiler für die vier Evangelisten, zwölf Säulen für die zwölf Apostel.

Das Vermächtnis von Thomas Müntzer ist übrigens nicht ganz verschwunden, so finden sich seine Kirchenlieder bis heute in evangelischen und katholischen Gesangbüchern. Dazu zählt zum Beispiel das bekannte Adventslied »Gott, heil'ger Schöpfer aller Stern«. In der Ferne funkelt derweil der Berg der Deutschen, der Brocken. Wie zu Müntzers Zeiten. ●

▸ **KONTAKT**

Pfarramt Frose
Vor der See 402, 06464 Seeland OT Frose,
Telefon 034741 / 91221, Telefax
034741 / 91223, www.frose-anhalt.de

Gottesdienst in der Stiftskirche Frose

Erz, Embleme und Emporen

Kirchengeschichte in Harzgerode

VON MATTHIAS PRASSE

Innenraum der Kirche St. Marien Harzgerode

Anhalt – vielfältig in seiner Geschichte, vielfältig auch in seinen Landschaften. Durchstreift man die Gegend um Harzgerode, offenbart Anhalt ein ganz anderes Gesicht, als man es von der Saaleregion um Bernburg oder der mittleren Elbe um Dessau und Zerbst kennt. Dieser landschaftliche Reichtum ist ein großer Schatz des historischen Landes Anhalt.

Die gemütliche Kleinstadt Harzgerode indes liegt mit ihren zahlreichen Fachwerkbauten unweit des romantischen Selketales im Unterharz. Vor mehr als 1000 Jahren erstmals erwähnt, war ihre Geschichte zunächst eng mit dem Kloster Nienburg verbunden. In der Reformationszeit stieg das Interesse der Fürsten von Anhalt an Harzgerode, was aber nichts mit den großen religiösen Veränderungen jener Zeit zu tun hatte. Vielmehr erregten die Erzgänge, die rings um Harzgerode verlaufen, die fürstliche Aufmerksamkeit. 1539 konnte denn auch in der Stadt der erste Taler aus anhaltischem Silber geprägt werden. Der Bergbau vor Ort erlebte Höhen und Tiefen, Falschmünzer und wirtschaftlichen Aufschwung, bis er um 1900 zum Erliegen kam. Der spätere Montan-Industrielle Carl A. Riebeck begann seinen beruflichen Aufstieg übrigens als Grubenjunge in Harzgerode.

Des Öfteren wird Riebeck in der Stadtkirche St. Marien zum sonntäglichen Gottesdienst gesessen haben. Vielleicht hat er dann voller Ehrfurcht die Malereien auf den Brüstungen bewundert. Die von Fürst Wilhelm von Anhalt-Harzgerode (1643–1709) beauftragte Emblematiksammlung, die sich mit 70 Exponaten an den Emporen befindet, geht auf ein Buch zurück, das der hugenottische Glaubensflüchtling Daniel de la Feuille 1691 in Amsterdam herausgegeben hat. Die Embleme zeigen allegorische Gemälde, aber auch Bergwerksdarstellungen. Weiterhin gibt es in der Kirche eine wertvolle Wappengalerie.

Begründer des kleinen Fürstentums Anhalt-Harzgerode, das durch Abtrennung von Anhalt-Bernburg entstand, ist übrigens der Vater von Fürst Wilhelm, Friedrich von Anhalt-Harzgerode (1613–1670).

Das mächtige Dach von St. Marien dominiert heute wie zur Entstehungszeit das Ortsbild. Mehrfach brannte die Kirche, wurde modernisiert und erweitert. Ganz wesentlich war ein Umbau am Ende des 17. Jahrhunderts. Dabei brach man zunächst die Hälfte des alten Kirchenbaus ab, um ihn anschließend zur reformierten Predigt- und Hofkirche zu erweitern.

Ein Restaurator in der Fürstengruft der Marienkirche Harzgerode

Architektur und Einrichtung wurden nun auf die Verkündigung des Wort Gottes ausgerichtet. Gleichzeitig diente St. Marien seitdem als fürstliches Erbbegräbnis. Doch mit Wilhelm starb das Fürstengeschlecht derer von Anhalt-Harzgerode im Jahre 1709 schon wieder aus.

Zwar sind die Fürsten verblichen, doch ihre Kirche lohnt noch immer einen Besuch. Sehenswert sind etwa die Emporen, die sich drei Etagen hoch emporschwingen, oder die Fürstenloge, die von Glanz und Gloria derer zu Anhalt-Harzgerode kündet. Zu den eher schaurig-skurrilen Sehenswürdigkeiten gehört der mumifizierte Leichnam der Wilhelmine Augusta von Solms-Sonnenwalde (1697–1767). Sie lebte viele Jahre im Schloss Harzgerode und pflegte Besuchern die Zunge herauszustrecken – die »Bleke« eben. Als »Blekprinzessin« ging sie in die lokale Geschichte ein. Die Kirchengruft wurde 2009 restauriert und wieder eröffnet.

Doch die Harzgeröder St.-Marien-Kirche hat noch mehr zu bieten. In der Kirchturmspitze, gut 100 Stufen hoch, befindet sich die ehemalige Türmerwohnung. Bis 1956 lebte die letzte Türmerin in luftiger Höhe. Heute befindet sich hier oben das kleine, aber feine Apothekermuseum.

Nordwestlich vom Marktplatz erreicht man das alte Residenzschloss, 1549 bis 1552 unter Fürst Georg III. von Anhalt-Dessau anstelle einer mittelalterlichen Burg errichtet. Georg III. war der einzige deutsche Fürst, der nach der Reformation offiziell auch als lutherischer Geistlicher tätig war: 1545 wurde er von Martin Luther persönlich zum Bischof (»Geistlichen Koadjutor«) von Merseburg ordiniert (▶ S. 30). Aber durch die Niederlage der protestantischen Kräfte im Schmalkaldischen Krieg wurde Merseburg auf kurze Zeit erneut katholisch und Georg verlor sein geistliches Amt. Harzgerode und das rund 50 Kilometer entfernte Warmsdorf wurden zum Lebensmittelpunkt des Reformationsfürsten. ●

▶ **KONTAKT**

Pfarramt Harzgerode
Markt 6, 06493 Harzgerode, Telefon 039484/74637
oder 039484/747091, Telefax 039484/747152,
stmarienharzgerode@web.de

Der Hecklinger Konfessionsstreit

Widerstand gegen die Einführung des Calvinismus

VON CHRISTFRIED KULOSA

Kirche St. Georg und St. Pankratius Hecklingen

Das Jahr 1600 stellt eine bedeutende Wegmarke für Hecklingen dar, leistete sich doch in jenem Jahr der Herr von Hecklingen, Franz von Trotha (1566–1619, »der Verschwender«), ein üppiges, in Größe und Ausstattung außergewöhnliches Sandstein-Epitaph. Dies überrascht, weil in jener Zeit in Anhalt das reformierte Bekenntnis auf dem Vormarsch war. Das große, fast zehn Meter hohe Bildwerk, das neben biblischen ganz im Stile der Renaissance auch antik-mythologische Motive zitiert (z. B. Phönix in den Flammen), steht offenkundig jeder Tendenz einer reformierten Meidung von Bildwerken entgegen.

Der Anhalt-Dessauer Fürst, Johann Georg I. (1567–1618), hatte sich 1596 zum Calvinismus bekannt. Sowohl Adlige als auch die ländliche Bevölkerung verweigerten sich diesem Schritt, war doch damit nicht nur das Entfernen, ja, das »Abtun und Demolieren der Götzen und Altäre« verbunden.

Engelfigur in der Hecklinger Kirche

Hecklingen, wo ab 1607 der Heidelberger Katechismus galt, gab hier ein besonders deutliches Bild der Spannungen ab. Im Januar 1609 ergingen die ersten beiden fürstlichen Aufforderungen zur Beseitigung »abgöttischer und abscheulicher Picturen«. Doch man wand sich und bat um Aufschub. Pfarrer und trothascher Verwalter überzeugten den anrückenden Gerichtsverwalter aus Bernburg, erst einmal die Rückkehr des verreisten Patronatsherrn abzuwarten. Dennoch muss in der Folgezeit ein Großteil der Bildwerke – glücklicherweise nicht die Engelfiguren – entfernt worden sein; die noch 1903 erwähnte Auflistung ist leider verschollen.

Pfarrer Conrad Wilhelm machte dann den Widerstand zu seiner Sache und verfasste ein 47-seitiges Schreiben an die Regierung. Nach einer »geharnischten Replik« und weiteren Bemühungen musste er schließlich 1610 den Ort Anhalt in Richtung Alt-Staßfurt verlassen.

Doch der Streit um die praktikable Konfession für Hecklingen brach nun erst richtig los. Obgleich Wolf Friedrich von Trotha (1593–1637) einen der von der Bernburger Regierung vorgeschlagenen reformierten Theologen einsetzte, entzündete sich an jenem Heinrich Prätorius (1610–1615 in Hecklingen) neues Ungemach. Sowohl vom Gesinde der Trothas als auch von der Dorfbevölkerung wurde der Pfarrer mit viel Verbitterung, ja, mit Aggressivität bedrängt: Es ist »bei nächtlicher Zeit das Pfarrhaus in einem Jahr zweimal gestürmet, die Fenster ausgeworfen und mörderlicher Weise mit Büchsen zu ihm hineingeschossen worden, dass er weder Tag noch Nacht mit seinem Weibe und Kindern sicher sein« konnte. Beim Nachfolger, Christian Zeising, verfielen dann Pfarrhaus wie Kirche zusehends, weil das gottesdienstliche Leben in neuer Gestalt zum großen Teil boykottiert wurde.

Nach dessen Tod wurden die Hecklinger nicht wieder mit einem Geistlichen versorgt, sondern sollten sich Sonntag für Sonntag aus Bernburg mit dem Pferdewagen einen Pfarrer für den Gottesdienst abholen. Auch wurden Probepredigten oder gar die Einführung eines Pfarrers einfach ignoriert. Und die Hecklinger bekamen Recht vor dem Reichskammergericht! Unter Androhung einer erheblichen Geldstrafe sollte die lutherische Prägung in Hecklingen durch den Bernburger Fürsten nun toleriert werden. Doch erst 1634 kam es zu einer offiziellen Duldung. Unter Wolf Thilo von Trotha (1620–1683), der ab 1647 nicht mehr mit Patronatsrechten für Hecklingen ausgestattet war, erfolgte dessen ungeachtet eine Instandsetzung der Basilika, ohne die dieses Juwel der sächsischen Romanik wohl zerfallen wäre.

Erst 1778 kam mit Johann Christoph Pax wieder ein lutherischer Pfarrer nach Hecklingen. Schließlich wurde 1820 in Anhalt die Union eingeführt. Doch selbst diese Einbeziehung reformierter Elemente war den Hecklingern noch zu viel. Ihr Pfarrer erwirkte daraufhin, dass das Abendmahl abwechselnd in lutherischer Weise (mit Oblate) und nach uniertem Ritus gefeiert werden konnte. Erst die Zuwanderung vieler Arbeiter um die Mitte des 19. Jahrhunderts schliff die festgefügte konfessionelle Tradition ab.

Die ehemalige Klosterkirche St. Georg und Pancratius ist eine der am besten erhaltenen romanischen Basiliken der Vorharzregion. Der Baubeginn liegt wohl in den Jahren 1150–1176, vollendet wurde die Kirche 1225/30. Die Basilika wurde, einem typisch sächsischen Grundriss folgend, aus dem Quadrat entwickelt, als kreuzförmige Anlage mit zwei Türmen, die im Westen das Langhaus flankieren. Vor wenigen Jahren wurde die neoromanische Ausmalung von 1882/83 restauriert. Die 14 fast lebensgroßen Stuckengel (1225/30) schweben als Chor an den Arkaden und runden das festliche Bild ab. Der Hecklinger Engelszyklus wird als »Höhepunkt des sächsischen Byzantinismus« gewürdigt und ist sowohl in Größe als auch Erhaltungszustand einzigartig. ●

▸ **CHRISTFRIED KULOSA**
war Pfarrer in Hecklingen und hat jetzt eine Pfarrstelle in Magdeburg inne.

▸ **KONTAKT**
Pfarramt Hecklingen
Hermann-Danz-Straße 52, 39444 Hecklingen, Telefon: 03925 / 284277, Telefax 03925 / 284277, www.hecklingen.de

Kloster, Kirche und Bürger

Reformation in der Saalestadt Nienburg

VON CHRISTINE REIZIG

Die Schlosskirche in Nienburg

Über fünf Jahrhunderte waren die Stadt Nienburg und das weitere Umfeld geistlich und wirtschaftlich geprägt durch Anwesenheit und Ausstrahlung des Benediktiner-Klosters St. Marien und St. Cyprian. 975 in Nienburg angesiedelt, hatte es über die ersten Jahrhunderte große Bedeutung. Im 15. Jahrhundert gab es aufgrund der innerkirchlichen Verhältnisse einen großen Hunger nach Reformen. Auch die Nienburger Mönche schlossen sich 1458 der Bursfelder Kongregation an. Ziel der Klosterreform war es, der Ordensregel des Heiligen Benedikt wieder in ihrer ursprünglichen Form Geltung zu verschaffen und sich auf die Ideale des klösterlichen Lebens zu besinnen.

Am Beginn der lutherischen Reformation im 16. Jahrhundert zeigt sich auch in Nienburg, dass geistliche Reform häufig mit politischen und ökonomischen Machtfragen einhergeht.

Der Nienburger Konvent setzt zunächst seine Verbindung zur Bursfelder Union fort. Als das Kloster in den Bauernunruhen 1525 bedroht ist und Fürst Wolfgang von Anhalt-Köthen es militärisch rettet, ist der Konvent bereits geflohen. Wolfgang wird von seinen Dessauer Vettern verdächtigt, sich das Nienburger Kloster aneignen zu wollen. 1528 kehren die Mönche nach einem Vertrag mit dem Fürsten ins Kloster zurück. Im Vertrag ist geregelt, dass das Kloster die »Abgötterei« (die katholische Messe) lassen und keine Novizen mehr aufnehmen solle. Es ist fraglich, ob der Konvent sich daran hält. Beim Turmbau 1537 wird in einem Dokument über die Zeitsituation geschrieben, dass in ganz Deutschland die »lutherische Ketzerei« grassiere. Die Zahl der Mönche verringert sich mit der Zeit. 1538/39 befasst sich Luther mit den Nienburger Verhältnissen und drängt Fürst Wolfgang, das Lesen der Messe abzuschaffen zu lassen.

1534 kommt es im Fürstentum Köthen-Bernburg unter Superintendent Johann Schlaginhaufen zur ersten evangelischen Kirchenvisitation. Die Konsequenzen für das Kloster werden aber nicht deutlich. In der Stadt Nienburg und der Gemeinde um die Stadtkirche wird das reformierte Bekenntnis eingeführt, wie im anhaltisch-köthenschen Bereich üblich.

Das Ende des Klosters wird aus zweierlei Richtung befördert. Die Äbte der Bursfelder Union beschweren sich bei Kaiser Ferdinand I. über Abt Bernhard, er sei widerspenstig, führe ein unzüchtiges Leben, betreibe unziemliche Händel und habe nicht für den Konvent gesorgt, um das Kloster zu erhalten. Ferdinand versagt den gewaltsamen Eingriff und betont, das Kloster unterstehe dem Fürsten. Damit hat dieser freie Hand. 1562 gibt das Erzstift Magdeburg den Kampf um das Kloster auf und tritt die Rechte an die Anhaltiner ab. Am 8. Mai 1563 teilt Fürst Joachim Ernst Fürst Wolfgang mit, dass der Abt von Nienburg zwei Tage zuvor die Stiftsuntertanen an die Fürsten von Anhalt verwiesen habe und diese sogleich die Erbhuldigung vorgenommen hätten. Das Ornat, die Kirchengeräte und die Privilegien habe er »gutwillig übergeben«.

Demgegenüber geschieht der Übergang zum reformierten Bekenntnis in der Stadtkirche unspektakulär und ohne größere Widerstände. Die Abkehr vom Luthertum über den Philippismus zum Reformiertentum wird mitvollzogen.

Im Dreißigjährigen Krieg versuchen 1629 noch einmal Mönche, sich des geschichtsträchtigen Klosters zu bemächtigen. Der Versuch scheitert.

An der Wende zum 18. Jahrhundert wird das Kloster zum Schloss und Witwensitz der anhaltisch-köthenschen Fürstinnen umgebaut. Fürstinwitwe Gisela Agnes wohnt dort seit 1716. Sie gehört der lutherischen Lehre an. Sie gründet an der Schlosskirche eine lutherische Gemeinde und stellt ab 1717 lutherische Pfarrer an. In aufrichtiger Frömmigkeit und Ernsthaftigkeit versucht sie dem lutherischen Bekenntnis den Vorrang zu verschaffen und schreckt auch vor Schikanen der Reformierten nicht zurück. Im Übrigen hat sie in Nienburg segensreich und wohltätig gewirkt.

Bis in die zweite Hälfte des 19. Jahrhunderts leben in Nienburg eine reformierte und eine lutherische Gemeinde nebeneinander. Die Union wird in Nienburg erst 1880 vollzogen.

Die ehemalige Kloster- und spätere Schlosskirche ist eines der bedeutendsten gotischen Bauwerke im mitteldeutschen Raum. Die beiden romanischen Vorgängerbauten von 1004 und 1060 fielen Bränden zum Opfer. Der heutige gotische Bau ist der dritte. An den frühgotischen Chor schließt sich ein dreischiffiges, dreijochiges, hochgotisches Hallenhaus an. Romanische Mauerreste und besondere Ausgrabungsschätze, wie die in der hiesigen Gegend einmalige Monatssäule, romanische Grabplatten und Reste eines Schmuckfußbodens, der den Chor vor dem Brand 1242 zierte, reihen die Kirche ein in die sehenswerten Bauten an der Straße der Romanik. Nach den Nutzungsphasen als Kloster- und Schlosskirche wird sie heute von der evangelischen und der katholischen Ortsgemeinde gemeinsam genutzt. ●

▶ **CHRISTINE REIZIG**
ist Landespfarrerin für Gemeindeaufbau der Evangelischen Landeskirche Anhalts und war Pfarrerin in Nienburg.

▶ **KONTAKT**
Pfarramt Nienburg, Goetheplatz 8, 06429 Nienburg, Telefon 034721 / 22348, Telefax 034721 / 308380, ev.kirchengemeinde.nienburg@t-online.de

Innenraum der Schlosskirche Nienburg

Die Stadtkirche Nienburg

Luthers Predigt für die Fürsten

Reformations- und Kirchengeschichte in Wörlitz

VON MATTHIAS PRASSE

Wörlitz – Krönung des Gartenreichs an der mittleren Elbe. Ganz zu Recht heißt es, Wörlitz sei keine anhaltische, auch keine europäische, sondern eine Weltangelegenheit. Höchster Punkt weithin ist der steil aufragende Turm der St.-Petri-Kirche. Er bildet einen wichtigen Blickpunkt innerhalb der Sichtachsen der Wörlitzer Anlagen.

Die Kirche selbst gilt als Gründung Albrechts des Bären, Stammvater des Landes Anhalt. Offiziell geweiht wurde sie jedoch erst um das Jahr 1200. Albrecht war da schon 30 Jahre tot. Wörlitz wurde zum Sitz einer Großpfarrei, deren Pfarrbezirk stattliche 42 Dörfer umfasste.

Zu Beginn des 16. Jahrhunderts war der Ort Witwengut der Fürstin Margarete von Anhalt. Im alten Glauben verhaftet, lehnte sie die vom nahen Wittenberg ausgehende Erneuerung der Kirche ab. Erst nach ihrem Tod im Jahr 1530 nahm in Wörlitz die Reformation ihren Lauf.

Vielleicht war es Nikolaus Hausmann, Tischgenosse und Weggefährte Luthers, der die erste Kanzelrede nach neuer Art in St. Petri hielt: Am 14. September 1532 predigte Hausmann in Anwesenheit der Fürsten. »Fein still« sei jener, meinte Luther, und kein Eiferer. Und das machte ihn zum richtigen Mann, um als Hofprediger der Dessauer Fürsten eine neue Zeit einzuleiten. Luther selbst kam am 24. November des gleichen Jahres persönlich zur Predigt nach Wörlitz.

Vom Kirchenbau aus Luthers Zeiten ist nicht mehr allzu viel erhalten. Denn »Vater Franz«, der Visionär auf dem Fürstenthron, hat vom alten Wörlitz und seinen Bauten kaum einen Stein auf dem anderen gelassen. Er war zwar ein aufgeklärter Monarch, aber eben doch ein absoluter Herrscher und so sollte sein Ort Wörlitz mit den dazugehörigen Anlagen die Ideale und Ideen des Fürsten widerspiegeln. Waren es zunächst die Naturschwärmerei eines Rousseau ebenso wie die Wiedererweckung der Antike im Geiste Winkelmanns, so wurde der Fürst dann auch zum Begründer des neugotischen Baustils auf dem europäischen Kontinent. Denn der begann seinen Siegeszug durch Europa mit der Errichtung des Gotischen Hauses in Wörlitz.

Franzens Neugestaltungswille machte vor der Wörlitzer Kirche und dem Kirchhof nicht halt. Die vorhandenen Gräber wurden eingeebnet, die darin enthaltenen Gebeine zum Teil eingesammelt und in einem steinernen Sarkophag nördlich der Kirche beigesetzt: ordentlich gemähter Rasen statt alter Gräber.

Und dann legte man Hand an St. Petri. Ab 1804 wurden große Teile des Kirchenbaus abgebrochen. Es begann ein umfassender Neubau im »altdeutschen«, sprich englisch angehauchten neugotischen Stil. Von der alten romanischen Kirche blieben unter anderem der untere Teil des Turmes, das Längsschiff mit dem Triumphbogen und das bemerkenswerte Südportal.

Kirchenführung für Kinder vor dem Bibelturm Wörlitz

1810 sah Franz mit Stolz auf die abgeschlossenen Arbeiten: »Kirche und Turm sind mir gelungen. Ich bilde mir ordentlich etwas darauf ein.« St. Petri war die Krönung einer ganzen Reihe neugotischer Kirchen, die – wie in Mosigkau, Riesigk oder Vockerode – mit ihren Türmen weit in das flache Anhalt-Land hinein strahlen.

Wer sich heute aufmacht, die zahlreichen Stufen des Wörlitzer Kirchturmes zu erklimmen, wird nicht nur mit dem schönsten Blick über das Gartenreich belohnt. Denn dem Himmel ein

Stück näher kommt man schon beim Aufstieg. Seit 1994 verschafft nämlich der Kirchturm als »Bibelturm« Einblicke in das Buch der Bücher. Die 2009 in der ehemaligen Türmerwohnung eröffnete Ausstellung »Zwischen Himmel und Erde« bietet zudem auf verschiedenen Stockwerken religiöse, naturwissenschaftliche und philosophische Himmelsperspektiven. Gezeigt werden unter anderem mittelalterliche und astronomische Darstellungen des Himmels und ein Faksimile der »Zerbster Prunkbibel« aus dem 16. Jahrhundert. Zum Angebot gehören aber auch ein Gebetsraum, eine Kinder-Bibel-Ecke sowie Kaleidoskope und Fernrohre. Und natürlich spielt der Himmel aus biblischer Sicht eine wichtige Rolle. ●

▶ **KONTAKT**

Pfarramt Wörlitz
Kirchgasse 34,
06785 Oranienbaum-Wörlitz OT Wörlitz,
Telefon und Telefax 034905 / 20508,
ev.pfarrmtwoerlitz@nexgo.de,
www.kirche-woerlitz.de

Bibelturm Wörlitz, Kirchgasse 34,
06786 Oranienbaum-Wörlitz OT Wörlitz,
Telefon 034905 / 20093, www.bibelturm.de,
bibel@kircheanhalt.de.
Öffnungszeiten: von Palmarum
(Sonntag vor Ostern, 17. April) bis
Mitte Oktober täglich (außer montags)
von 11–17 Uhr, sonntags ab 12 Uhr.

Innenraum und Taufstein der Kirche St. Petri Wörlitz

Holländischer Barock in Anhalt

Reformation in Oranienbaum

VON BÄRBEL SPIEKER

Stadtkirche Oranienbaum

Nähert man sich der Stadt Oranienbaum, sieht man schon von Weitem die Oranienbaumer Stadtkirche mit ihrem mächtigen Walmdach und der darauf sitzenden Laterne als Glockenturm. Auf dem Gebiet des heutigen Ortes Oranienbaum errichtete Fürstin Agnes von Dessau-Anhalt 1645 ein festes Haus mit Wassergraben und Palisadenzaun als Sommersitz und begann mit dem Bau einer reformierten Kapelle, die 1676 auf Veranlassung ihrer Schwiegertochter Henriette Catharina von Oranien fertiggestellt und eingeweiht wurde. Seit dieser Zeit wohnt auch ein reformierter Pfarrer in Oranienbaum, das bis 1673 Nischwitz hieß.

Die Einwohnerzahl Oranienbaums wuchs, und schon bald war die Kapelle zu klein. 1707 wurde daher in Anwesenheit von Henriette Catharina und ihrem Sohn, dem regierenden Fürsten von Anhalt-Dessau Leopold I., der Grundstein für eine neue, große Kirche gelegt. Auch diese wurde als reformierte Kirche geplant und gebaut. Die Gemeinde und ihre gewählten Vertreter spielen in der protestantischen Kirchenorganisation die Hauptrolle. Es gibt keine hierarchisch aufgebaute Priesterschaft. Deshalb ähneln reformierte Gotteshäuser schlichten Versammlungsräumen. Es sind Zentralbauten ohne Altar und Orgel und ohne zusätzlichen Glockenturm. So bietet auch die Oranienbaumer Stadtkirche mit ihrem ovalen Grundriss und dem kleinen, aufgesetzten Uhren- und Glockenturm einen außergewöhnlichen Anblick.

Allerdings wurde trotz aller Schlichtheit direkt neben dem großen Nordeingang ein besonderer, abgetrennter und erhöhter Bereich für die fürstliche Familie eingebaut, der sogenannte Fürstenstuhl.

Die übrige Gemeinde nutzte die kleinere Tür an der Westseite der Kirche. Sie versammelte sich um den schlichten und heute noch vorhandenen Tisch, der damals in der Mitte der Kirche stand. An der Ostseite der Kirche saß in einer Nische, die der kleinen Eingangstür entsprach, ein fürstlicher Beamter, der über den rechtmäßigen Ablauf des Gottesdienstes wachte. Der Fußboden im gesamten Kirchenraum lag damals auf einer Höhe. Die frei im Raum stehende hölzerne Kanzel mit Schalldeckel diente einzig und allein zum besseren akustischen Verstehen der Predigt, nicht aber, um den Prediger gegenüber der Gemeinde herauszuheben. Der gesamte Kirchenraum wurde wie bei hugenottischen Vorbildern von einer Empore umschlossen.

Erst Henriette Catharinas Urenkel Leopold Friedrich Franz ließ 1766/67 eine Orgel einbauen, für die die Empore über dem Westeingang erweitert wurde.

Im reformierten Oranienbaum durften sich auch Lutheraner ansiedeln. Sie besuchten allerdings nicht die reformierten Gottesdienste in der Stadtkirche, sondern gingen über die Landesgrenze in das nur einen Kilometer entfernte kursächsisch-lutherische Goltewitz zum Gottesdienst (Goltewitz kommt erst 1944 von Preußen zu Anhalt). Deshalb ließ das Fürstenhaus ab 1750 am Rande des Schlossparks eine kleine, achteckige Kirche bauen. In ihr wurden dann auch lutherische Gottesdienste gefeiert.

Erst 1827 gelang der Zusammenschluss der reformierten und der lutherischen Konfessionen in Anhalt. Auch in der Stadtkirche standen von da an Kerzen und ein Kreuz auf dem Tisch, der nun auch Altar genannt wurde. Das Abendmahl wurde jedoch weiterhin mit Weißbrot gefeiert, nicht mit Oblaten. Im gleichen Jahr wurden auch das reformierte und das lutherische Schulgebäude in Oranienbaum verkauft und 1828 eine neues, gemeinsames Schulgebäude eingeweiht. Die Gemeinde an der kleinen Kirche blieb jedoch bis 1877 selbstständig – und erst 1920 wurde das Gebäude verkauft und Wohnungen darin eingerichtet.

Ende des 19./Anfang des 20. Jahrhunderts wurde dann auch die Ausrichtung der Stadtkirche lutherisch beeinflusst: Wo früher der fürstliche Beamte saß und den Gottesdienst überwachte, fand eine Kopie der Thorwaldsen-Christus-Figur ihren Platz,

Den Grundstein der Stadtkirche Oranienbaum ließ Fürstin Henriette Catharina von Oranien legen.

der hölzerne Tisch wurde als Altar ebenfalls vor die Ostwand gestellt und die Bänke nun dorthin ausgerichtet. Um den Raum symmetrisch zu gestalten, wurde der Fürstenstuhl geteilt und eine Hälfte als Sakristei hinter der Kanzel wieder aufgebaut. Bei den späteren Renovierungen wurde diese Anordnung beibehalten, aber auch heute sind die typisch reformierten Details der Kirche noch sehr deutlich zu erkennen. ●

▸ **BÄRBEL SPIEKER**
ist Pfarrerin in Oranienbaum.

▸ **KONTAKT**
Pfarramt Oranienbaum
Brauerstraße 26, 06785 Oranienbaum-Wörlitz,
OT Oranienbaum, Telefon 034904/20512,
Telefax 034904 / 21742,
kontakt@oranienbaum-evangelisch.de,
www.kirchen-in-oranienbaum.de,
www.gartenreichkirchen.de

Von Nonnen, Fürsten und Rittern

Die Coswiger Kirche St. Nicolai war 2002/2003 »Kirche des Jahres« in Sachsen-Anhalt

VON MATTHIAS PRASSE

Wer heute auf der viel befahrenen Bundesstraße 187 durch Coswig (Anhalt) fährt, der sieht sie für einen kurzen Augenblick an der Straße liegen: die Coswiger Stadtkirche St. Nicolai – ein imposanter Bau, dessen Größe von einstiger Bedeutung kündet.

Einst war die Kirche der geistliche Mittelpunkt eines Dominikanerinnen-Klosters. 1272 durch den frommen Fürsten Siegfried von Anhalt-Köthen gestiftet, wurde dieses zum Hauskloster des Fürstenhauses. Mindestens 30 Angehörige der fürstlichen Familie hat man in Coswig bestattet.

Komturei in Buro bei Coswig

Nach der üblichen Bewährungszeit zur wirtschaftlichen Stabilisierung wurde der Coswiger Konvent 1288 in den Ordensverband der Dominikaner aufgenommen. In diesem Zusammenhang ist auch der Aufenthalt des großen mittelalterlichen Mystikers und Dominikaner-Provinzials Meister Eckhart in Coswig zu sehen. 1527 wurde das Kloster aufgelöst, die Nonnen quasi ausgekauft: Fürst Wolfgang von Anhalt versprach jeder Nonne eine lebenslange Rente. Die Gebäude dienten fortan als fürstlicher Wirtschaftshof.

Die ehemalige Klosterkirche dient seit der Reformation als evangelische Stadtkirche und wurde 2002 / 2003 zur »Kirche des Jahres« in Sachsen-Anhalt gewählt.

Das innere Bild des Kirchenbaus beeindruckt durch seinen barocken Altar, der an der Wende zum 18. Jahrhundert gefertigt wurde, seine Bildwerke stammen aus der Hand des Fürstlichen Hof- und Kunstmalers Johann Andreas von Düwens. Unbedingte Beachtung verdienen die um 1350 gefertigten Bleiglasarbeiten in den Südfenstern. Sie gehören zu den ältesten ihrer Art in Sachsen-Anhalt. Genauso schön sind das gotische Chorgestühl und die prachtvolle Orgel mit ihren aufwändigen barocken Schnitzarbeiten. Auch mit drei Werken aus der Wittenberger Cranach-Werkstatt kann Coswigs Stadtkirche aufwarten: ein Epitaph, das Christus in Gethsemane zeigt, eine Kreuzigungsdarstellung und eine Abendmahlsszene.

Der 52 Meter hohe Kirchturm belohnt einen Aufstieg mit herrlichen Aussichten: Im Süden sind die Anlagen des Wörlitzer Gartenreiches zu sehen, von Osten grüßen die Türme der Lutherstadt Wittenberg und im Norden erheben sich die bewaldeten Höhen des Flämings.

Nach der politischen Wende saniert, birgt der Klosterhof heute das stadteigene Veranstaltungszentrum und das Stadtmuseum. Dabei war das Nonnenkloster nicht die einzige geistliche Einrichtung in der Elbestadt: Bereits 1215 war ein Herren-Kollegiatsstift an der Coswiger Marienkirche errichtet worden. Zeitweise scheint das Stift auch an der ostdeutschen Kolonisationsbewegung beteiligt gewesen zu sein, denn es hatte Besitzungen in Pommern und der Neumark. Als 1524 der amtierende Dekan verstarb, wurde sein Amt nicht neu besetzt. Wenig später dürfte die Auflösung des Kollegiatstiftes erfolgt sein. Im Schmalkaldischen Krieg 1546/47 wurden die Gebäude des Stiftes zerstört. Ihre Steine

Kirche St. Nicolai Coswig (Anhalt)

fanden bei den Neubauten von Rathaus, Schloss und Nicolai-Kirchturm Verwendung. An der Stelle des Stiftes erstreckt sich heute der sogenannte Schillerpark.

1258 war in nur zwei Kilometern Entfernung im Dorf Buro eine Niederlassung des Deutschen Ordens entstanden, übrigens das einzige Haus eines Ritterordens in ganz Anhalt. Durch Stiftungen und Schenkungen befördert, gehörten zeitweise 2.200 Hektar land- und forstwirtschaftliche Fläche und mehrere Patronatskirchen zum Buroer Ordenshaus. Die Reformation überstand Buro unbeschadet und nahm damit eine Ausnahmeposition bei den alten geistlichen Stiftungen im Land Anhalt ein. Ein Grund liegt in der gelebten Ökumene, der Trikonfessionalität des Ordens. Einhellig und gleichberechtigt saßen Katholiken, Lutheraner und Calvinisten an einem Tisch.

Erst unter napoleonischer Herrschaft wurde das Ordenshaus im Jahr 1809 aufgehoben, der Besitz dem Landesherrn, Herzog Alexius von Anhalt-Bernburg, übertragen. 1945 fiel Buro unter die sogenannte demokratische Bodenreform. 90 Prozent der gesamten historischen Gebäude wurden abgerissen.

Erhalten sind neben der spätromanischen Ordenskirche das Kapitelhaus und die »Kommandeurssuite«, in der wohl das alte Dormitorium und Refektorium zu vermuten sind. Vor einigen Jahren wurden die geringen Reste der Kommende privatisiert, um nun sensibel restauriert zu werden. ●

▸ **KONTAKT**

Pfarramt Coswig
Schloßstraße 58, 06869 Coswig (Anhalt),
Telefon: 034903 / 62938, Telefax 034903 / 62538,
st_nicolai@web.de, www.kirche-coswig.de

Cranach-Sensation in der Kreuzkirche Klieken

Wie durch ein Wunder wurden die von Lucas Cranach d. Ä. gemalten und in den 80er Jahren geraubten Altarflügel aus der Kreuzkirche Klieken vor wenigen Jahren in einem Antiquariat wiederentdeckt. 2013 sollen sie wieder an ihren angestammten Platz in Klieken zurückkehren.

Anhaltische Küche

VON ROLF KOHLMEYER

Würzig-deftiger Duft liegt in der Luft, wenn das serviert wird, was die Anhalter selbst zuerst als typisch anhaltische Speise nennen: Zimtiger Milchreis mit Bratwurst. Dabei sollte man wissen, dass es sich hierbei um eine sehr feste rohe Schinkenknackwurst mit viel Kümmel handelt, die in Scheiben geschnitten in der Pfanne angebraten wurde und dann oben auf dem dampfenden süßen Reisrand ihren Platz findet. Um es gleich vorwegzunehmen: Nicht alle Gerichte der Anhaltischen Küche sind für außenstehende Zungen so ungewöhnlich kombiniert.

Ein Zerbster Dillklump erschließt sich dem uneingeweihten Gast nicht gleich auf den ersten Blick. Es handelt sich hierbei um eine außerordentlich leckere Rindersuppe mit Spargel, Semmelklößen und sehr viel Dill. Nicht immer wurde so reichhaltig, ja fast extravagant gekocht und der heutige Geschmack getroffen: Eine Ziwweltitsche, also eine Mehlsoße mit reichlich Speck und Zwiebeln, in die man Pellkartoffeln tunkt, entspricht zum Beispiel gar nicht mehr den heutigen Essgewohnheiten. Ein Dessauer Speckkuchen mit seinen vielen Zwiebeln und der dicken Quarkcreme hingegen kann bis heute begeistern und wohlig sättigen. Naschkatzen erfreuen sich an Süßem wie dem Wörlitzer Windbeutel, dem Ziebigker Zuckerkuchen oder am Appelklump – ausgebackenen Apfelklößen mit Vanillesoße.

Anhalt war früher eine arme Region. Brot und Kartoffeln waren die Hauptnahrungsmittel. Mal gebacken, mal gebraten, mal gekocht und immer wieder als Kloß – Verzeihung: Klump. Denn, was andernorts Klops, Kloß, Nocke oder Knödel geheißen, ist hier ein Klump. Gegessen wurden sie mit dem, was regional und saisonal verfügbar war, was satt machte und auch schmeckte. Mehlsoßen, Zwiebeln, deftiger Speck, Kohl in allen seinen Varianten und Obst. All das, was im Garten wuchs, wurde schmackhaft verarbeitet.

Neuem aufgeschlossen gegenüberzustehen und es sich zur Bereicherung des eigenen Lebens zu erschließen, ist das Motto, für das Anhalt seit den Zeiten des Fürsten Leopold III. Friedrich Franz von Anhalt-Dessau steht. Diese tolerante Geisteshaltung erstreckte sich nicht nur auf die Kultur, die Kunst oder die Architektur, sondern eben auch auf die Küche. Denn das alte Anhalt zog als freigeistiges Land reformierte Geister und mit ihnen ihre Speisenvorlieben an. Die anhaltische Küche hat in den vergangenen Jahrhunderten Rezepte aus den angrenzenden Regionen in ihr Repertoire aufgenommen und sie variiert. So brachten beispielsweise die Preußen die typische Berliner Beamtenstippe (Soße zu Kartoffeln) auch nach Anhalt. Und schlesische Einwanderer hinterließen Rezepte wie den Stolzen Heinrich, ein Kalbswurstgericht mit Wein, Zitronen und Kapern, in der hiesigen Küche. Das Gericht »Himmel und Erde« aus Kartoffeln und Äpfeln ist außer im Rheinland, in Westfalen und Schlesien auch in Anhalt heimisch geworden.

Falls Sie also einmal anhaltische Gerichte auf einer Speisekarte finden, probieren Sie sie ruhig aus – vielleicht entdecken Sie ja sogar Milchreis mit Bratwurst für sich. Es erwartet Sie immer eine traditionell deftige und ehrliche Küche mit ihren würzigen Eigenheiten. ●

▸ **ROLF KOHLMEYER**
lebt in Dessau, ist passionierter Hobbykoch und im Hauptberuf EDV-Spezialist.

▸ **QUELLENANGABE UND VERTIEFENDE LEKTÜRE**

Regina Erfurth: Anhaltische Küche. Anhalt Edition Dessau, 2004

Wie sage ich es anhaltisch?

»abballej'n«
»Hinnor«
»Kanker«
»schtakelich«

VON ANGELA STOYE

aanhältsch	anhaltisch
abballej'n	schwer körperlich arbeiten
Baljetretor	Blasebalg zum Orgelspiel bewegen
Biechorsch	Bücher
Eemaeens	Einmaleins
Fingsten	Pfingsten
Harbarje	Herberge
Hinnor	Hühner
jabsen	nach Luft schnappen
Jiete	Güte
Käsehitsche	kastenförmiger, kleiner Schlitten
Kanker	Spinne
Karche, Korche	Kirche
Katechieß'm	Katechismus
Kling'lbeit'l	Klingelbeutel
Krakelfritze	Mensch mit schlechter Schrift
Lorke	dünner Kaffee
Kowwerlateinsch	unverständliche Sprache
Millich	Milch
Mustopp	Mustopf mit zwei Henkeln
Portmanneh	Geldbörse
Riwwe	Rippe
Sackorschtei	Sakristei
schtakelich	lang und dünn
Sinnor	Sünder
Supordente	Superintendent
Towack	Tabak
vorzell'	erzählen
Weisor	Uhrzeiger
zwellewe	zwölf

Entnommen dem »Paschlewwer Wartorbuch« – Eine Sammlung von Wörtern, Namen und Redewendungen in Köthener Mundart. Gesammelt von Kurt Brandt, bearbeitet und erweitert von Siegfried Schenner

Die biblische Weihnachtsgeschichte nach Lukas auf Anhaltisch

Dunnemals, wo Rom de halwe Welt buharrschn tat, ließ sich der olle Kaiser Aujustus was janz Jemeenes infalln. Alle Leite in sein Reech solltn jeschatzt un busteiert werdn. In de Privinz Syrien nu, wo Cyrenius jerade als Markjraf das Sahn hadde, jab es sonne Schatzunk zum aller erschten ma. Weil Jesetz nu eema Jesetz is un bleiwet, mußtn sich alle Leite uff de Beene machn, um sich an den Ort, wo se ihre Birjerrechte haddn, in de Steierhewerolle intraen zu laaßn. Da machte sich denn o Josef, der janz obn ins Jaliläische in das kleene Nest Nazareth wohnte, uffn Wäk, um runner ins Jiedische na Betlehem zu kommn, weile dort Heeme un sojar o noche weitleidig mitn beriehmten Kennich David verwandt war.

Uff de lanke Reese nahmbe o Maria, was sein Weib war, mit. Un die war schwanger. Es wurre denn awwer o allerheechste Zeit, dasse in Bethlehm ankommn tatn, denn Maria musste nu bale nedderkommn.

Un denn krichte se da in de Fremde ihr erschtes Kind, so an richtijn Joldsohn, den se in reene Tiecher jewickelt in ne Futterroofe lähn musstn, weil se keen Platz mäh in de Jastschtuwwe jekricht haddn. Jarnich ma weit dervon passtn bei ihre Koppeln in de Nacht an paar Schefer uff ihre Viecher uff. Un ausjerechnet zu die trat Jottes Engel in sein janzn Jlanz, so dasse sich allehoofe mechtich ferchtn tatn. Der Engel wullte se beruhijn un sahde: »Ferchtet eich doch niche! Ich will eich ne janz große Freide machn. Heert jenau druff was ich eich jetzt sae! Eich is heite der Heeland jeborn, das ist der heele Christ, der juhte Harre in de Stadt von Davidn. Ihr wertn o jlei erkenn, weile nemlich in Windeln jewickelt in eire Futterroofe läht.« Un wie der Engel das noch sahde, war umn rum das janz himmlische Heer beinanner. Di lowetn Jott in janz jroßn Teen: »Ähre sei Jott in de Hehe. Friedn uff de Eere. Un alln Leitn een Wohljefallen.«

Als denn de Engel wedder Heeme floen, sahden sich de Schefer: »Mär wolln uns nu o jlei uff de Beene machn un na Bethlehem loofn, dass mer uns de Jeschichte mit eejnen Oen ankukn, die Jott uns da bescheert had.« Un se socktn los un fandn denn o werklich in ihrn Stall Maria un Josef mit das Kind, das in de Futterroofe lahk. Als se sich das alles janz injehent anjekukt haddn, konntn se das Wunner nich for sich behaln, sonnern se erzehltens alln Leitn, dies heern wolltn, was Jott for se un de janze Welt Jroßes jetan had. ●

▸ PFARRER I. R. ARMIN ASSMANN (Dessau)

Impressum

ANHALT
ORTE DER REFORMATION
Journal 5

Herausgegeben von
Herausgegeben vom Landeskirchenrat der Evangelischen Landeskirche Anhalts.
Verantwortlicher Redakteur:
Johannes Killyen

Die Deutsche Bibliothek verzeichnet diese Publikation in der Deutschen Nationalbibliographie; detaillierte bibliographische Daten sind im Internet über http://dnb.ddb.de abrufbar.

Printed in EU · H 7576

IDEE ZUR JOURNALSERIE
Thomas Maess, Publizist, und Johannes Schilling, Reformationshistoriker

GRUNDKONZEPTION DER JOURNALE
Burkhard Weitz, chrismon-Redakteur

COVERENTWURF
NORDSONNE IDENTITY, Berlin

COVERBILD
Johannes Killyen

LAYOUT
NORDSONNE IDENTITY, Berlin

BILDREDAKTION
Johannes Killyen

ISBN 978-3-374-03066-8
www.eva-leipzig.de

Bildnachweis

Ev. Landeskirche Anhalts: U2
Kirchengemeinde St. Johannis / St. Marien Dessau: 2, 27, 46
Touristinformation Zerbst: 2, 48, 48/49, 51
Christian Ratzel / Köthen Kultur & Marketing GmbH: 3, 18, 32, 53–55
Johannes Killyen: 3, 4/5, 20, 24, 24/25, 26, 29, 30, 33, 36, 47, 52, 56/57, 58, 61 (2x), 62, 68, 70, 71 (2x), 73
Thomas Klitzsch: 6/7, 16, 36, 37, 72, 74
Jürgen Meusel: 8/9, 12/13, 20/21, 60, 63–67
Martinsgemeinde Bernburg: 10
Heiko Rebsch: 11
Bauhaus Dessau: 16/17
Bernd Helbig: 17
Touristinformation Bernburg 18/19
Wikipedia: 23, 38 (3x), 39 (4x)
Chris Wohlfeld: 25
Walter Tharan: 28
Anhaltische Landesbücherei: 31
Uli Knebler: 34, 44
Tourismusregion Anhalt-Dessau-Wittenberg e. V.: 36
Matthias Prasse: 40/41, 76
Sonja Hahn: 42
Engelbert Pülicher: 43, 57, 58, 69
Sandy Fiedler: 49
Kirchengemeinde St. Nicolai / St. Trinitatis Zerbst: 50
Steffen Schulz: 50/51
Kirchengemeinde St. Nicolai Coswig: 77
Landesmuseum für Vorgeschichte: 77
C. Sander: U3

www.luther2017.de
www.landeskirche-anhalts.de